Caro aluno, seja bem-vindo à sua plataforma do conhecimento!

A partir de agora, está à sua disposição uma plataforma que reúne, em um só lugar, recursos educacionais digitais que complementam os livros impressos e foram desenvolvidos especialmente para auxiliar você em seus estudos. Veja como é fácil e rápido acessar os recursos deste projeto.

1 Faça a ativação dos códigos dos seus livros.

Se você NÃO tem cadastro na plataforma:
- acesse o endereço <login.smaprendizagem.com>;
- na parte inferior da tela, clique em "Registre-se" e depois no botão "Alunos";
- escolha o país;
- preencha o formulário com os dados do tutor, do aluno e de acesso.

O seu tutor receberá um *e-mail* para validação da conta. Atenção: sem essa validação, não é possível acessar a plataforma.

Se você JÁ tem cadastro na plataforma:
- em seu computador, acesse a plataforma pelo endereço <login.smaprendizagem.com>;
- em seguida, você visualizará os livros que já estão ativados em seu perfil. Clique no botão "Códigos ou licenças", insira o código abaixo e clique no botão "Validar".

Este é o seu código de ativação! → **DYQ1P-CR1BR-AN9VD**

2 Acesse os recursos

usando um computador.

No seu navegador de internet, digite o endereço <login.smaprendizagem.com> e acesse sua conta. Você visualizará todos os livros que tem cadastrados. Para escolher um livro, basta clicar na sua capa.

usando um dispositivo móvel.

Instale o aplicativo **SM Aprendizagem**, que está disponível gratuitamente na loja de aplicativos do dispositivo. Utilize o mesmo *login* e a mesma senha que você cadastrou na plataforma.

Importante! Não se esqueça de sempre cadastrar seus livros da SM em seu perfil. Assim, você garante a visualização dos seus conteúdos, seja no computador, seja no dispositivo móvel. Em caso de dúvida, entre em contato com nosso canal de atendimento pelo **telefone 0800 72 54876** ou pelo *e-mail* atendimento@grupo-sm.com.

CAMINHAR JUNTOS 9

ENSINO RELIGIOSO

HUMBERTO HERRERA

HUMBERTO HERRERA
Doutor em Educação.
Graduado em Filosofia, Pedagogia e Teologia.
Especialista em Docência, Ensino Religioso e Gestão de Processos Pastorais.
Participa da Comissão para a Cultura e Educação da Conferência Nacional dos Bispos do Brasil.
Membro da Sociedade Brasileira de Cientistas Católicos.

São Paulo, 2ª edição, 2022

Caminhar Juntos – volume 9
© Edições SM Ltda.
Todos os direitos reservados

Direção editorial	Cláudia Carvalho Neves
Gerência editorial	Lia Monguilhott Bezerra
Gerência de *design* e produção	André Monteiro
Edição executiva	Valéria Vaz
Edição	Gabriel Careta, Kenya Jeniffer Marcon
	Suporte editorial: Fernanda Fortunato
Coordenação de preparação e revisão	Cláudia Rodrigues do Espírito Santo
	Preparação: Vera Lúcia Rocha
	Revisão: Ivana Alves Costa, Luiza Emrich
	Apoio de equipe: Lívia Taioque
Coordenação de *design*	Gilciane Munhoz
	***Design*:** Paula Maestro, Lissa Sakajiri
Coordenação de arte	Melissa Steiner Rocha Antunes
	Edição de arte: Janaina Beltrame
Coordenação de iconografia	Josiane Laurentino
	Pesquisa iconográfica: Beatriz Micsik, Mariana Sampaio
	Tratamento de imagem: Marcelo Casaro
Capa	Estúdio Tereza Bettinardi
	Ilustração da capa: Kenzo Hamazaki
Projeto gráfico	Estúdio Tereza Bettinardi
Editoração eletrônica	Texto e Forma Conteúdo Educacional
Pré-impressão	Américo Jesus
Fabricação	Alexander Maeda
Impressão	Ricargraf

Dados Internacionais de Catalogação na Publicação (CIP)
(Câmara Brasileira do Livro, SP, Brasil)

Herrera, Humberto
  Caminhar juntos : 9º ano : ensino religioso / Humberto Herrera. --
2. ed. -- São Paulo : Edições SM, 2022.

  ISBN 978-85-418-2787-4 (aluno)
  ISBN 978-85-418-2782-9 (professor)

  1. Ensino religioso (Ensino fundamental) I. Título.

22-110314   CDD-377.1

Índices para catálogo sistemático:
1. Ensino religioso nas escolas   377.1
2. Religião : Ensino fundamental   377.1

Cibele Maria Dias - Bibliotecária - CRB-8/9427

6ª impressão, dezembro 2024

SM Educação
Avenida Paulista, 1842 – 18º andar, cj. 185, 186 e 187 – Condomínio Cetenco Plaza
Bela Vista 01310-945 São Paulo SP Brasil
Tel. 11 2111-7400
atendimento@grupo-sm.com
www.grupo-sm.com/br

APRESENTAÇÃO

Caro(a) aluno(a),

Apresentamos a você a coleção **Caminhar Juntos**, cuja proposta é promover o conhecimento sobre a diversidade de manifestações religiosas presentes no Brasil e no mundo.

Cada livro desta coleção é uma aventura! Você vai abrir janelas que lhe permitirão compreender alguns elementos de sua realidade e da vida em sociedade.

Ao ampliar seus conhecimentos sobre as várias religiões e filosofias de vida, você será capaz de reconhecer a riqueza da diversidade cultural e religiosa e manter uma atitude permanente de respeito e de diálogo, tornando-se promotor(a) da cultura de paz.

Nesta coleção, você também vai encontrar diversas propostas de atividades, que, realizadas com os colegas, os familiares e o professor, possibilitarão a você saber mais sobre a cidade, o país e o mundo em que vive, transformando-se no(a) protagonista dessa caminhada!

Desejamos que, a cada passo dado, suas experiências de aprendizagem promovam uma vida mais abençoada e plena de sentido.

Boa jornada neste caminhar juntos!

O autor

CONHEÇA SEU LIVRO

ABERTURA DE UNIDADE

A primeira página de cada unidade mostra uma imagem e traz questões que levam à reflexão inicial sobre o tema da unidade.
SABER SER Sinaliza momentos propícios para o desenvolvimento de competências socioemocionais.

PARA COMEÇO DE CONVERSA

Seção composta de textos, imagens e atividades que aprofundam o contato com o tema tratado na unidade.
CURIOSIDADE FILOSÓFICA
Boxe que traz reflexões de pensadores e pensadoras de diversas áreas, relacionando-os aos assuntos centrais da unidade.

POR DENTRO DA HISTÓRIA

Seção que contextualiza a temática da unidade sob uma perspectiva histórica, além de trazer textos, imagens e atividades referentes ao tema principal.

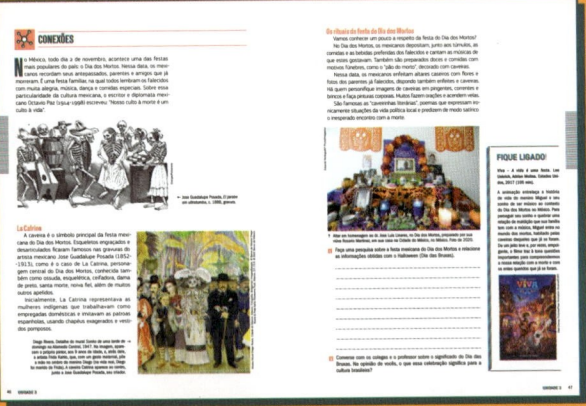

EXPERIÊNCIAS RELIGIOSAS

Nessa seção, você entra em contato com diversas práticas religiosas relacionadas ao tema discutido na unidade, para, assim, ampliar sua consciência religiosa.

CONEXÕES

Nessa seção, você encontra textos, reproduções de obras de arte, poesias, letras de canções e outras manifestações artísticas relacionadas às diferentes práticas religiosas e ao tema da unidade.
FIQUE LIGADO! Boxe que apresenta sugestões de livros, *sites* e vídeos para você aprofundar seus conhecimentos sobre o tema estudado.

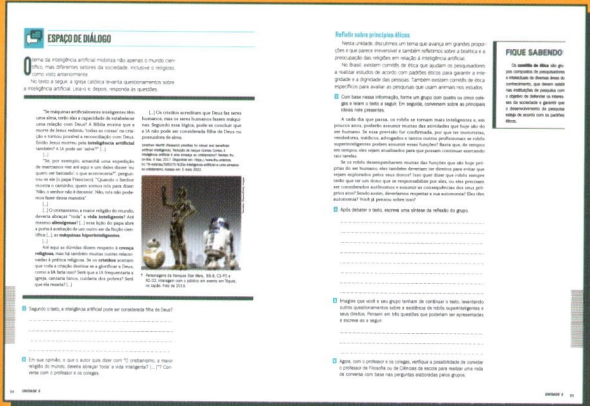

ESPAÇO DE DIÁLOGO

Seção que trabalha o diálogo inter-religioso, abordando aspectos comuns entre diferentes matrizes religiosas, por meio de atividades que buscam valorizar o respeito à diversidade religiosa.

FIQUE SABENDO! Boxe que aprofunda e traz curiosidades sobre diferentes temas abordados ao longo da unidade.

ATITUDES DE PAZ

A seção apresenta acontecimentos e propostas de atividades para que você coloque em prática ideias que ajudem a promover a cultura de paz.

GLOSSÁRIO Boxe que apresenta definições de expressões e de palavras para enriquecer seu vocabulário.

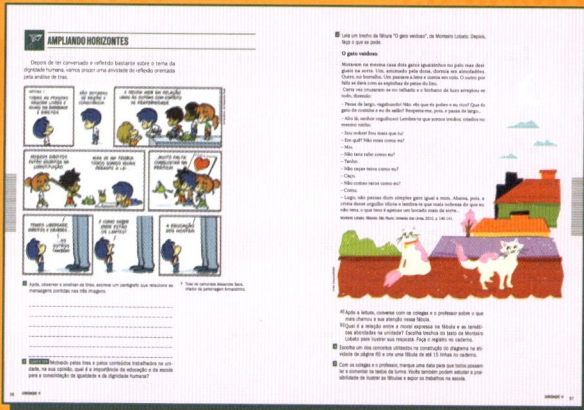

AMPLIANDO HORIZONTES

As atividades dessa seção visam integrar os assuntos tratados na unidade e ampliar o compromisso de todos com a promoção da cultura do diálogo e da paz.

PROJETO CIDADANIA

Apresenta o passo a passo para a realização de um projeto que será desenvolvido ao longo do ano, em que você, motivado pelos conhecimentos religiosos, conhecerá e atuará sobre sua comunidade, exercitando a cidadania.

OFICINA DE JOGOS

O jogo apresentado nessa seção retoma de forma lúdica os assuntos estudados no volume, proporcionando tanto a troca de ideias e experiências quanto o contato com situações concretas de diálogo.

SUMÁRIO

1 DEUS E O SENTIDO DA VIDA

- 9 Para começo de conversa
- 10 Por dentro da história
- 11 A roda da vida
- 12 Experiências religiosas
- 13 O que podemos aprender com a experiência religiosa dos povos indígenas do Brasil?
- 14 Conexões
- 15 O sentido da vida na literatura e no cinema
- 16 Espaço de diálogo
- 17 As religiões e o sentido da vida
- 18 Atitudes de paz
- 19 Você sabe como ajudar?
- 20 Ampliando horizontes
- 22 **PROJETO CIDADANIA:** Partida

2 VIDA APÓS A MORTE

- 25 Para começo de conversa
- 26 Por dentro da história
- 26 A experiência dos mártires cristãos
- 27 As catacumbas
- 28 Experiências religiosas
- 29 Reencarnação: voltar a viver em um novo corpo
- 30 Conexões
- 32 Espaço de diálogo
- 32 O que é o Reino dos Céus?
- 34 Atitudes de paz
- 35 A prática do bem e a vida após a morte
- 36 Ampliando horizontes
- 38 **PROJETO CIDADANIA:** Realidade

3 RITOS FÚNEBRES

- 41 Para começo de conversa
- 42 Por dentro da história
- 42 A cremação
- 43 Memória dos mortos entre os indígenas
- 44 Experiências religiosas
- 46 Conexões
- 46 La Catrina
- 47 Os rituais da festa do Dia dos Mortos
- 48 Espaço de diálogo
- 49 O cemitério judaico
- 50 Atitudes de paz
- 52 Ampliando horizontes

4 A DIGNIDADE HUMANA

- 55 Para começo de conversa
- 56 Por dentro da história
- 56 O caminho dos direitos humanos
- 58 Experiências religiosas
- 59 A Doutrina Social da Igreja
- 60 Conexões
- 60 A dignidade humana
- 62 Espaço de diálogo
- 63 Pela convivência comum, a favor da vida
- 64 Atitudes de paz
- 65 Trocando ideias, descobrindo palavras
- 66 Ampliando horizontes

68 PROJETO CIDADANIA: Ação

5 PROJETO DE VIDA EM COMUM

- 71 Para começo de conversa
- 72 Por dentro da história
- 72 Humanismo solidário
- 74 Experiências religiosas
- 76 Conexões
- 78 Espaço de diálogo
- 80 Atitudes de paz
- 81 Modelo de entrevista
- 82 Ampliando horizontes
- 83 Pacto para um mundo melhor

84 PROJETO CIDADANIA: Chegada

6 UMA ÉTICA PARA O FUTURO

- 87 Para começo de conversa
- 88 Por dentro da história
- 88 O que é bioética?
- 89 Quatro princípios fundamentais da bioética
- 90 Experiências religiosas
- 92 Conexões
- 93 A Igreja católica se preocupa
- 94 Espaço de diálogo
- 95 Refletir sobre princípios éticos
- 96 Atitudes de paz
- 98 Ampliando horizontes
- 98 Alguns temas para discussão
- 98 Dicas de organização
- 98 Grupos diferenciados
- 99 Avaliação final

100 OFICINA DE JOGOS

104 BIBLIOGRAFIA

1 DEUS E O SENTIDO DA VIDA

1 Você conhece a brincadeira retratada na imagem? Compartilhe seus conhecimentos com os colegas e o professor.

2 Na brincadeira, no alto do mastro, há uma premiação a ser conquistada por quem vencer o desafio. Na sua opinião, é apenas o prêmio que motiva os participantes? Por quê?

3 Pensando no título desta unidade, você consegue estabelecer alguma relação entre a prática registrada na imagem e os ensinamentos religiosos?

4 SABER SER Na sua opinião, o que uma pessoa precisa ter ou fazer para vencer o desafio da brincadeira?

Francisco Severino. *Pau de sebo*, 2013. Óleo sobre tela.

PARA COMEÇO DE CONVERSA

Todos os dias, nas mais diferentes cidades, milhares de pessoas circulam de um lugar a outro para estudar, trabalhar, passear, fazer compras e muitas outras atividades. Em geral, as pessoas desejam a felicidade e buscam se realizar naquilo que fazem.

E você? O que deseja para sua vida? Quais são os seus sonhos? E os de seus familiares? Você sabe o que eles esperam alcançar daqui a cinco anos, por exemplo?

1. Analise a tira a seguir e, depois, converse com os colegas e o professor: O que você faria se soubesse que o mundo acabaria hoje?

↑ Tira de Wesley Samp, 2012.

2. Agora, imagine que, sendo seu último dia na Terra, como propõe a atividade anterior, você decidisse escrever uma carta para alguém que você ama. O que você gostaria de dizer a essa pessoa? O que foi mais significativo em sua vida? Como você gostaria que os outros se lembrassem de você? Compartilhe suas respostas com o professor e a turma.

CURIOSIDADE FILOSÓFICA

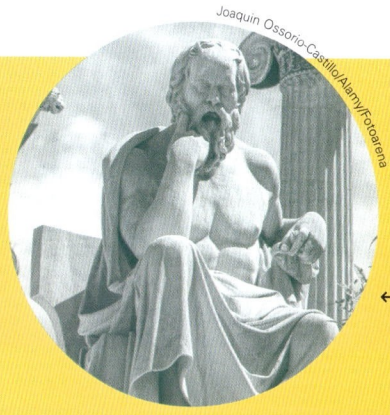

← Estátua de Sócrates em Atenas, na Grécia. Foto de 2019.

Perguntas sobre nossa existência, sobre o sentido da vida e o caminho da felicidade fazem parte da experiência humana desde a Antiguidade. Na Grécia Antiga, os filósofos refletiam sobre o autoconhecimento e a ação dos deuses na vida das pessoas.

O filósofo grego Platão (c. 427 a.C.-347 a.C.) documentou o pensamento de Sócrates (c. 469 a.C.-399 a.C.), seu mestre, em diálogos, nos quais Sócrates aparece como personagem. Em alguns desses diálogos, Sócrates reflete acerca do autoconhecimento como caminho para a felicidade. Quando se despede do tribunal que o havia condenado à morte, ele pronuncia suas últimas palavras:

Bem, é chegada a hora de partirmos, eu para a morte, vós para a vida. Quem segue melhor rumo, se eu, se vós, é segredo para todos, menos para a divindade.

Platão. *Defesa de Sócrates*. Tradução de Jaime Bruna. São Paulo: Abril, 1972. p. 30.

- Analise o trecho e interprete o sentido que essas palavras têm nos dias de hoje. Compartilhe com os colegas as suas opiniões.

UNIDADE 1

POR DENTRO DA HISTÓRIA

Há manifestações de experiências religiosas vividas pelas pessoas em diversas culturas e sociedades. As mais variadas crenças são simbolizadas por meio de alimentos, festas, rituais, danças e outras celebrações. O conhecimento religioso é um bem cultural que decorre de experiências pessoais e coletivas com aquilo que é transcendente, entendido como ser supremo e que muitas culturas identificam como Deus ou Deuses.

As experiências religiosas e os bens culturais que delas decorrem são compartilhados no espaço e no tempo de diversas sociedades.

Mas o que é o tempo? Existe um tempo sagrado?

No universo religioso, o tempo não passa, e os deuses não morrem. É no tempo sagrado que os seres humanos se ligam ao divino e encontram sentido para sua própria origem, bem como para a origem de todas as coisas, as quais se atualizam e passam a fazer parte da memória por meio de diferentes rituais.

← Salvador Dalí. *A persistência da memória*, 1931. Óleo sobre tela.

FIQUE SABENDO!

O pintor espanhol **Salvador Dalí** (1904-1989) foi um dos artistas ligados ao Surrealismo, movimento artístico e cultural que nasceu no final dos anos 1920 e buscou incorporar à arte manifestações dos sonhos e do inconsciente, valorizando o simbólico para além da lógica racional e em prol da liberdade de criação.

Salvador Dalí em Paris, na França. → Foto de 1972.

A roda da vida

Vários símbolos religiosos expressam o sentido do tempo sagrado. A imagem da chave, por exemplo, representa o caminho ou abertura para a felicidade segundo diferentes tradições religiosas, como o budismo e a umbanda.

No budismo tibetano, a roda da vida retrata as seis esferas em que o ser humano pode renascer e ilustra a essência dos ensinamentos budistas como caminho espiritual.

← Representação tradicional tibetana da roda da vida.

INVESTIGANDO

1. Observe a pintura *A persistência da memória*, de Salvador Dalí. Que leitura você faria dessa obra se tivesse de expressar a ideia de Deus no tempo? Compartilhe suas percepções com os colegas.

2. Com o professor e os colegas, observe a reprodução da obra *Roda da vida*, prestando atenção nos diferentes círculos e nas demais divisões, bem como nas cores, nos animais e nos demais elementos. Em seguida, pesquise o significado desses elementos e busque interpretar a obra de acordo com a tradição budista. Compartilhe suas impressões com a turma.

3. Em uma folha à parte, desenhe sua própria roda da vida e exponha seu trabalho aos colegas.

UNIDADE 1   11

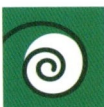 EXPERIÊNCIAS RELIGIOSAS

Cada pessoa tem a própria história, marcada por acontecimentos ora alegres, ora tristes, por vezes especialmente significativos. Para algumas pessoas, as experiências espirituais relacionadas ao vínculo com Deus são momentos cruciais em suas memórias de vida.

Um testemunho célebre, que integra um sentido de vida e de fé em Deus, é a história de Viktor Frankl (1905-1997), um médico psiquiatra austríaco judeu e sobrevivente do Holocausto. Com base em sua experiência, Frankl reflete sobre a presença ignorada de Deus, entendida como a dimensão da religiosidade no inconsciente humano.

Depois da experiência de sofrimento em um campo de concentração e da perda de familiares, Frankl dedicou-se a compreender a busca de sentido da vida pelo ser humano. Os resultados de seus estudos constituíram a reconhecida escola de psicoterapia chamada **logoterapia**.

Em seu livro *Em busca de sentido: um psicólogo no campo de concentração*, Frankl afirma: "Só pode sobreviver quem consegue manter um sentido para a vida; particularmente em referência a Deus". Leia a seguir mais um trecho dessa obra.

[**HOLOCAUSTO:** Massacre de milhões de judeus, ciganos e outras minorias pelos nazistas durante a Segunda Guerra Mundial.]

Ficamos conhecendo o ser humano como talvez nenhuma geração humana antes de nós. O que é, então, um ser humano? É o ser que sempre decide o que ele é. É o ser que inventou as câmaras de gás; mas é também aquele ser que entrou nas câmaras de gás, ereto, com uma oração nos lábios.

Viktor Frankl. *Em busca de sentido*: um psicólogo no campo de concentração. Tradução de Walter O. Schlupp e Carlos C. Aveline. 43. ed. São Leopoldo: Sinodal; Petrópolis: Vozes, 2018. p. 112-113.

↑ Viktor Frankl. Foto de 1994.

1 Para você, o quê dá sentido à vida? Ou, ainda, quais são as razões que explicam a nossa vida?

_____
_____
_____
_____

2 Em sua opinião, a religiosidade é uma dimensão necessária à felicidade do ser humano? Como você percebe isso em sua vida? Registre suas considerações e compartilhe-as com os colegas.

_____
_____
_____

O que podemos aprender com a experiência religiosa dos povos indígenas do Brasil?

A sabedoria dos povos indígenas é um patrimônio cultural da humanidade que deve ser valorizado e disseminado. Entre os diferentes povos indígenas do Brasil e do mundo, encontramos grande diversidade de saberes e religiosidades que expressam a relação do homem com aquilo que é transcendente, sobretudo na convivência com a natureza e suas formas de vida.

3 Em grupo com três colegas, pesquise a respeito da religiosidade de algum povo indígena que habita ou tenha habitado a região onde você vive. Investigue especificamente a compreensão desse povo quanto à temporalidade sagrada e ao sentido da vida. Depois, registre no quadro abaixo os dados obtidos.

A religiosidade do povo indígena	
Nome do povo indígena:	
Região que habita/habitou:	
Três características sobre a compreensão do tempo sagrado na religiosidade desse povo:	
O sentido dado à vida nas práticas religiosas desse povo indígena:	

4 Leia o texto a seguir e estabeleça uma relação entre as ideias nele apresentadas e os resultados da pesquisa feita por seu grupo.

O Bem Viver indígena e o futuro da humanidade

Estes povos têm nos ensinado que para construir o Bem Viver as pessoas devem pensá-lo para todos. Isso significa dizer que é preciso combater as injustiças, os privilégios e todos os mecanismos que geram a desigualdade. [...]

Um dos grandes ensinamentos que os povos indígenas têm nos transmitido [...] é o de saber conviver com a Mãe Terra [...]. Na visão desses povos, a terra é mais do que simplesmente o lugar onde se vive. Ela é sagrada, é capaz de fazer germinar e de acolher plantas, animais e uma infinidade de seres vivos [...].

O conceito de Bem Viver está na contramão de um modelo de desenvolvimento que considera a terra e a natureza apenas como insumos para a produção de mercadorias de rápido consumo e, mais rápido ainda, descarte. É para sustentar o modelo capitalista que os governos priorizam os megainvestimentos, as grandes barragens, a exploração mineral, as monoculturas que degradam o ambiente e envenenam a terra, as águas e todos os seres vivos.

Iara Bonin. O Bem Viver indígena e o futuro da humanidade. *Jornal Porantim*, Brasília, Conselho Indigenista Missionário, dez. 2015. Encarte Pedagógico X. Em: Conselho Indigenista Missionário (Cimi). Disponível em: https://cimi.org.br/o-bem-viver-indigena-e-o-futuro-da-humanidade/. Acesso em: 11 abr. 2022.

CONEXÕES

Como já vimos, a cultura também pode expressar as experiências religiosas por meio de várias linguagens: literatura, cinema, teatro, dança, música, etc. A seguir, leia a letra da canção "Epitáfio", composta por Sérgio Britto, integrante da banda Titãs.

Devia ter amado mais
Ter chorado mais
Ter visto o sol nascer
Devia ter arriscado mais
E até errado mais
Ter feito o que eu queria fazer

Queria ter aceitado
As pessoas como elas são
Cada um sabe a alegria
E a dor que traz no coração
O acaso vai me proteger
Enquanto eu andar distraído

O acaso vai me proteger
Enquanto eu andar

Devia ter complicado menos
Trabalhado menos
Ter visto o sol se pôr

Devia ter me importado menos
Com problemas pequenos
Ter morrido de amor

Queria ter aceitado
A vida como ela é
A cada um cabe alegrias
E a tristeza que vier

Devia ter complicado menos
Trabalhado menos
Ter visto o sol se pôr

Sérgio Britto. Epitáfio. Intérprete: Titãs. Em: *A melhor banda dos últimos tempos da última semana*. São Paulo: Abril Music, 2001. 1 CD, faixa 6.

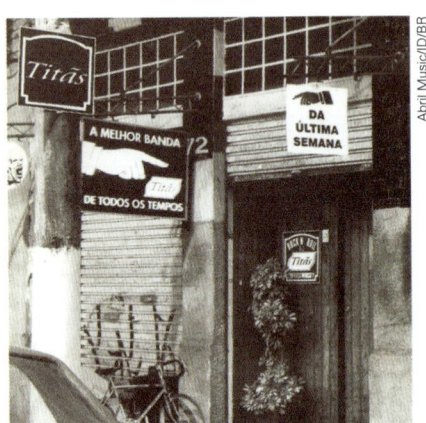

↑ Capa do álbum *A melhor banda dos últimos tempos da última semana*, lançado pela banda Titãs em 2001.

1 Converse com os colegas sobre estas questões.

a) Você sabe o que significa epitáfio? Por que a canção tem esse título?
b) Que parte da letra mais chamou sua atenção? Por quê?
c) De que forma essa letra se relaciona ao sentido da vida?

2 Procure uma música que, para você, tenha relação com o sentido da vida, a religiosidade ou Deus. Busque informações sobre o contexto de produção dessa música e registre aqui um trecho da letra e um resumo de suas reflexões.

_____
_____
_____
_____

3 Com os colegas e o professor, organize um sarau para cantar, interpretar ou simplesmente recitar ou ouvir as músicas pesquisadas. Após as apresentações, converse com eles sobre as músicas escolhidas e de que forma elas se relacionam com o que foi estudado até agora.

O sentido da vida na literatura e no cinema

A corrente literária chamada de **existencialista** destaca-se por apresentar autores e obras que investigam o sentido da vida e outras grandes questões da existência humana. Um dos temas de reflexão proposto por esse movimento cultural é a liberdade. Livros como *O mito de Sísifo* e *O estrangeiro*, do franco-argelino Albert Camus (1913-1960), *Demian* e *Sidarta*, do alemão Hermann Hesse (1877-1972), são exemplos de obras que destacam a importância filosófica da existência pessoal.

4 Leia um trecho do romance *Sidarta*, de Hermann Hesse, publicado em 1922, que conta passagens da experiência do escritor na Índia, em 1910. Durante a leitura, sublinhe os trechos que mais lhe chamarem a atenção. Depois, compartilhe-os com os colegas e o professor.

↑ Hermann Hesse. Foto de 1962.

> – Parece-me – disse Govinda – que ainda gostas de uma pontada de ironia, amigo Sidarta. Acredito no que dizes. Sei que não seguiste nenhum mestre. Mas, supondo que não tenhas descoberto doutrina alguma pelo teu próprio esforço, não achaste pelo menos certas ideias e percepções que sejam tuas e te facilitem a existência? Se me comunicasses algo a respeito delas, alegrarias o meu coração.
>
> – Na verdade me vieram algumas ideias – respondeu Sidarta – e de quando em quando tive percepções. Ocorreu-me às vezes sentir, por uma hora e mesmo durante um dia inteiro, a presença do saber no meu íntimo, assim como sentimos o pulso da vida no nosso coração. Certamente refleti sobre muita coisa, mas seria difícil para mim transmitir-te os meus pensamentos. Olha, meu querido Govinda, entre as ideias que se me descortinaram encontra-se esta: A sabedoria não pode ser comunicada. A sabedoria que um sábio quiser transmitir sempre cheirará a tolice.
>
> – Estás brincando? – perguntou Govinda.
>
> – Não brinco, não. Digo apenas o que percebi. Os conhecimentos podem ser transmitidos, mas nunca a sabedoria. Podemos achá-la; podemos vivê-la; podemos consentir em que ela nos norteie; podemos fazer milagres através dela. Mas não nos é dado pronunciá-la e ensiná-la. Esse fato, já o vislumbrei às vezes na minha juventude. Foi ele que me afastou dos meus mestres.

Hermann Hesse. *Sidarta*. Tradução de Herbert Caro. 14. ed. Rio de Janeiro: Civilização Brasileira, 1975. p. 113-114.

5 Com base nas frases sublinhadas, converse com o professor e a turma sobre estas questões.

a) Como vocês interpretam a frase "A sabedoria não pode ser comunicada"?

b) O que o sentido da vida tem a ver com o dia a dia na escola?

c) Como a escola pode nos ajudar a construir sentidos para nossa vida?

FIQUE LIGADO!

Nunca me sonharam. Direção: Cacau Rhoden. Brasil, 2017 (90 min).

O documentário discute a situação do Ensino Médio nas escolas públicas do Brasil sob o ponto de vista dos alunos, dos professores e dos gestores. O filme mostra os desafios que os jovens enfrentam na busca de perspectivas de um futuro melhor, que lhes permita realizar seus sonhos.

Procure assistir ao filme com os colegas. Em seguida, converse com eles sobre os trechos que mais lhes chamaram a atenção, relacionando esses trechos às experiências que vocês vivem atualmente.

 **ESPAÇO DE DIÁLOGO**

Nesta unidade, refletimos a respeito do sentido da vida e conhecemos pessoas que se dedicaram a estudar esse assunto. Também vimos que esse tema está presente no cotidiano e em diferentes expressões culturais, sendo uma preocupação das religiões e das filosofias indicar caminhos de vida e de felicidade para seus seguidores.

1 **SABER SER** Com base no que foi discutido até aqui, responda às perguntas.

- Para mim, qual é o sentido da vida?
  _____
  _____

- Tenho fé? Acredito no quê?
  _____
  _____

- Quem ou o que é Deus para mim?
  _____
  _____

- Como vejo o mundo?
  _____
  _____

- Quais meus desejos para o futuro?
  _____
  _____

2 Compartilhe suas respostas com os colegas e o professor. Então, responda:

a) O sentido da vida é igual para todos? Por quê?
_____
_____
_____
_____

b) Deus tem o mesmo significado para todas as pessoas? Por quê?
_____
_____
_____
_____
_____

As religiões e o sentido da vida

Ao longo da história, as diversas tradições religiosas e filosofias de vida ofereceram diferentes respostas e caminhos para a realização pessoal e a conquista da felicidade. A tradição cristã traz exemplos de homens e de mulheres que fazem da prática de seguir a Cristo o sentido de sua vida como observado nos textos de Teresa de Ávila (1515-1582), Santo Agostinho (353-430) e do apóstolo Paulo.

Antes de se converter, Paulo era conhecido pelo nome de Saulo. De família judia, Saulo estudou retórica e dominava a técnica do discurso e da escrita de cartas. Sua educação judaica, aprimorada em Jerusalém, tornou-o um erudito, rígido seguidor das leis judaicas.

Depois de uma experiência pessoal com Jesus Cristo, Saulo teve o nome mudado para Paulo e iniciou um apostolado que o levou a enfrentar muitos desafios no anúncio do evangelho. Assim, o trabalho evangélico de Paulo caracterizou-se por respeitar as diferentes experiências humanas nas quais o cristianismo era introduzido. Na carta aos romanos, Paulo escreveu:

> Se for possível, no que depende de vocês, vivam em paz com todos.
>
> Rm 12: 18.

↑ Estátua do apóstolo Paulo, na praça da Sé, em São Paulo (SP). Foto de 2019.

As filosofias orientais também têm contribuído para o caminho do autoconhecimento e da plenitude da vida. Um dos mestres mais representativos dessas filosofias é Lao Tsé (604 a.C.-517 a.C.), erudito da Antiga China que se tornou conhecido por abandonar sua vida de prestígio imperial e decidir viver isolado.

A Lao Tsé é atribuída a autoria do *Tao te ching*, obra de filosofia espiritual que trata do caminho da virtude (*o tao* seria a "realidade última" do Universo). Inspirado na tradição oral coletiva, o *Tao te ching* ficou conhecido no mundo inteiro e inspirou o surgimento de diversas religiões e filosofias, como o taoismo e o budismo de tradição chinesa e sua versão japonesa, o zen.

Leia um trecho dessa obra.

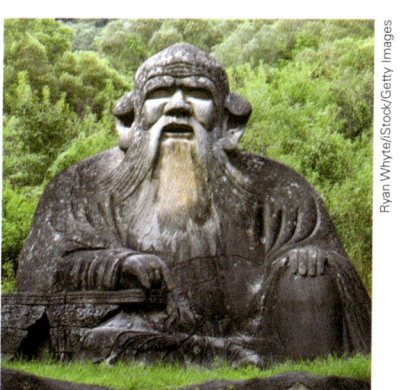

↑ Estátua de Lao Tsé em Quanzhou, China. Foto de 2019.

> O Homem Sagrado toma o Sinal Esquerdo e não critica as pessoas
> Por isso, quem tem Virtude se orienta pelo sinal
> Quem não tem Virtude se orienta pelo vestígio
>
> O Caminho do Céu não cria intimidade
> Mas acompanha sempre o homem bom
>
> *Tao te ching*: o livro do caminho e da virtude (Dào dé jing), de Lao Tsé. Tradução direta do chinês e comentários de Wu Jyh Cherng. Rio de Janeiro: Mauad X, 2011. p. 82.

SINAL ESQUERDO: sentido de correspondência com o lado do coração.

3 Converse com os colegas e o professor sobre os textos desta página e pesquise o sentido da vida segundo uma religião diferente da sua. Depois, forme um grupo com mais três colegas para compartilhar os resultados de sua investigação.

ATITUDES DE PAZ

Um dos temas essenciais da existência humana é a busca pelo sentido da vida. É comum querermos ser felizes, realizar nossos sonhos e permanecer ao lado daqueles que amamos. No entanto, por diversos motivos, algumas pessoas deixam de achar sentido na vida e veem no suicídio uma alternativa diante de situações dolorosas e até desesperadoras.

Os casos de suicídio no Brasil vêm crescendo, especialmente entre os adolescentes, e se tornando uma preocupação para o país. Segundo o Ministério da Saúde:

> O suicídio é um fenômeno complexo, multifacetado e de múltiplas determinações, que pode afetar indivíduos de diferentes origens, classes sociais, idades, orientações sexuais e identidades de gênero. Mas o suicídio pode ser prevenido! Saber reconhecer os sinais de alerta em si mesmo ou em alguém próximo a você pode ser o primeiro e mais importante passo. Por isso, fique atento(a) a se a pessoa demonstra comportamento suicida e procure ajudá-la.

Ministério da Saúde. Prevenção do suicídio: sinais para saber e agir. Disponível em: https://www.gov.br/saude/pt-br/assuntos/saude-de-a-a-z/s/prevencao-do-suicidio. Acesso em: 13 abr. 2022.

Você já percebeu sinais de alerta para suicídio em alguma pessoa conhecida? Já ouviu alguém dizer uma das frases que aparecem no cartaz ao lado?

Pensamentos e sentimentos que indicam o desejo de acabar com a vida trazem muito sofrimento e angústia. Para superar essa condição, as pessoas precisam de ajuda e apoio. Há quem diga que não se deve falar sobre o suicídio, mas o Ministério da Saúde afirma que é, sim, necessário abordá-lo. O importante é saber como e o que falar, evitando orientações equivocadas.

1 Em uma roda de conversa, discuta esse assunto com os colegas e o professor. O que você sabe sobre o tema? Considera importante falar de assuntos como esse na escola e na família?

↓ Cartaz com frases de alerta para a prevenção do suicídio, elaborado pelo Ministério da Saúde.

Ministério da Saúde/Governo Federal

FIQUE LIGADO!

Ministério da Saúde. *Suicídio. Saber, agir e prevenir*. Disponível em: https://bvsms.saude.gov.br/bvs/publicacoes/suicidio_saber_agir_prevenir.pdf. Acesso em: 13 abr. 2022.

Essa publicação consiste em uma cartilha com orientações gerais sobre prevenção ao suicídio. Composta de conteúdos que perpassam desde a identificação dos sinais de alerta ao suicídio até formas de conduzir e auxiliar uma pessoa à busca por atendimento profissional adequado. Um aspecto interessante da cartilha é a abordagem de expressões e formas de banalização do suicídio, com dicas de o que e como falar com uma pessoa que está nesse tipo de situação de vulnerabilidade.

Você sabe como ajudar?

Com os colegas e o professor, discuta sobre os cuidados e as formas de auxílio que podem agir na prevenção do suicídio. Converse sobre cada passo e esclareça possíveis dúvidas.

As condições em que viviam pessoas que cometeram suicídio e o consequente sofrimento de seus familiares, amigos e conhecidos motivou a criação, em 2015, da campanha **Setembro Amarelo**, uma mobilização nacional de prevenção ao suicídio por iniciativa do Centro de Valorização da Vida (CVV), do Conselho Federal de Medicina (CFM) e da Associação Brasileira de Psiquiatria (ABP). O dia 10 de setembro foi eleito como Dia Mundial de Prevenção ao Suicídio.

A Organização Mundial de Saúde alerta sobre os altos índices de suicídio entre os adolescentes e acredita que é preciso preveni-lo. A respeito disso, o psiquiatra Elton Kanomata, do hospital Albert Einstein, em São Paulo, afirmou em entrevista a um portal de notícias:

↑ Capa de cartilha com orientações para a prevenção ao suicídio, elaborada pelo Ministério da Saúde.

> Toda a parte mental deles está em desenvolvimento. A questão da resiliência e da capacidade de lidar com as frustrações podem não estar prontas [...].
>
> Ana C. Moreno; Carolina Dantas; Monique Oliveira. Suicídios de adolescentes: como entender os motivos e lidar com o fato que preocupa pais e educadores. *G1*, 24 abr. 2018. Disponível em: https://g1.globo.com/ciencia-e-saude/noticia/suicidios-de-adolescentes-como-entender-os-motivos-e-lidar-com-o-fato-que-preocupa-pais-e-educadores.ghtml. Acesso em: 13 abr. 2022.

2. Com os colegas e o professor, converse sobre a afirmação do psiquiatra. Em seguida, responda no caderno à questão: Como avalio minha resiliência e minha capacidade de lidar com as frustrações?

3. Agora, que tal propor uma campanha intitulada **#AcreditoNaVida**? Organize com os colegas e o professor uma ação concreta a ser realizada no ambiente escolar ou na vizinhança da escola. Vocês podem usar camisetas amarelas pintadas com frases a favor da vida e divulgar essas frases nas redes sociais, conforme o cartaz ao lado. Também é possível pintar um mural, produzir vídeos curtos ou pensar em outras ações para divulgar a campanha. As ações podem contar com o apoio de toda a escola e da pastoral local.

↑ Cartaz de campanha de prevenção ao suicídio, divulgado pela Secretaria Estadual de Assistência Social (Seas) do Amazonas, em 2020.

AMPLIANDO HORIZONTES

Os principais temas estudados nesta unidade foram a presença de Deus e o sentido da vida. Buscamos compreendê-los por meio da experiência das tradições religiosas e filosofias de vida, das expressões artísticas e do testemunho de vida das pessoas.

Nesta seção, vamos ampliar a reflexão a respeito desses temas por meio do relato do físico e cosmólogo brasileiro Marcelo Gleiser, que afirma que ciência, filosofia e espiritualidade são expressões complementares.

↑ Marcelo Gleiser. Foto de 2019.

1 Leia os fragmentos a seguir, do livro *Cartas a um jovem cientista*, de Marcelo Gleiser.

> A curiosidade é o que temos de mais sagrado, é o que nos faz mudar, e, ao mudarmos, transformamos o mundo, mesmo que só um pouco. O que sabemos hoje vai ao coração do Universo, dado que somos feitos das mesmas partículas, dos mesmos átomos que existem há bilhões de anos, forjados em estrelas que já não brilham, ou que brilham apenas dentro de cada um de nós. Vivemos em um planeta mágico, oásis da vida num cosmos hostil a ela, um planeta que devemos respeitar como respeitamos a nós mesmos e os que temos ao lado, sejam pessoas, animais ou plantas. A ciência moderna nos ensina que a vida é sagrada, que o que temos aqui, agora, é sagrado. A missão de todo cientista é dividir esse conhecimento com seus colegas e alunos, com os membros da sua família e comunidade. Cada um de nós pode ser catalisador da revolução que queremos ver acontecer, ajudando a criar o mundo em que queremos viver.
>
> [...]
>
> Após aprendermos sobre a vida de cientistas com Galileu, Kepler ou Newton, não deveria ser tão surpreendente que muitos cientistas conseguem conciliar sua fé e sua ciência. Mais do que conciliar: a ciência é um instrumento de sua fé. Para eles, sejam eles cristãos, hindus, muçulmanos, judeus ou espíritas, a ciência ajuda a compreender e a admirar a obra divina. Não sei exatamente como esses cientistas veem, por exemplo, a questão da origem do Universo, mas imagino que acreditem que essa e, dependendo do cientista, outras perguntas estejam além do que a ciência possa responder.

Marcelo Gleiser. *Cartas a um jovem cientista*: o Universo, a vida e outras paixões. Rio de Janeiro: Alta Books, 2017. p. IX, 159.

- Sublinhe as ideias que mais chamaram a sua atenção nos trechos acima. Depois, converse com os colegas e o professor sobre o seguinte questionamento: como é possível ser religioso e cientista ao mesmo tempo?

2 Interprete a metáfora abaixo, proposta por Gleiser. Depois, registre suas impressões.

> Esse é o objetivo principal da ciência, dar sentido ao desconhecido. Mas é bom lembrar que, pela sua própria natureza, a construção desse conhecimento sobre o mundo não tem fim. Quando nossa Ilha do Conhecimento cresce, as praias da nossa ignorância, que demarcam a fronteira entre o conhecido e o desconhecido, também crescem. Quanto mais sabemos, mais descobrimos o quanto não sabemos.

Marcelo Gleiser. *A simples beleza do inesperado*: um filósofo natural em busca de trutas e do sentido da vida. 2. ed. Rio de Janeiro: Record. 2017. p. 72.

_____

_____

3 Faça um desenho ou esquema com palavras que traduzam a sua interpretação sobre a metáfora do autor. Em seguida, compartilhe esse desenho ou esquema com os colegas e o professor.

4 **SABER SER** Pensando na temática trabalhada nesta unidade – o sentido da vida –, existe algum autor que você costuma ler ou algum artista cuja produção (musical, visual, teatral, etc.) você acompanha ou que é referência para você? Pense nisso e complete o quadro abaixo.

Nome do autor ou artista	
Por que essa pessoa é uma referência para você?	

a) Agora, selecione um texto do autor ou do artista escolhido e compartilhe com os colegas. Depois, converse com eles sobre o que mais chama sua atenção nessa produção.

b) Preste atenção às apresentações dos colegas e anote o nome dos artistas ou dos autores que eles mencionaram como referência e que também despertou curiosidade em você. Em seguida, pesquise mais sobre essas pessoas para ampliar seu repertório cultural.

_____

_____

PROJETO CIDADANIA

PARTIDA › REALIDADE › AÇÃO › CHEGADA

EMPATIA SOCIAL

O tema deste projeto é a empatia como atitude e capacidade de estar disponível e desejar construir solidariedade. Na sua opinião, é possível identificar-se com outras pessoas, sentir o que elas sentem, querer o que elas querem e aprender do modo como elas aprendem? Somos capazes de nos colocar no lugar do outro e, com base em suas próprias suposições ou impressões, tentar compreender seu comportamento? Como você avalia essa capacidade em sua vida? Quem é esse "outro"?

OBJETIVOS

- Discutir o conceito de empatia com base em expressões do cotidiano social.
- Refletir sobre o desenvolvimento da capacidade de empatia e sua relação com a solidariedade.
- Produzir e mobilizar uma campanha que potencialize atitudes de empatia social.
- Avaliar nossa empatia com base na experiência de como a escola e a comunidade se integram.

JUSTIFICATIVA

Falar em empatia provoca em nós uma necessidade de autoavaliação sobre o modo como nos relacionamos. A empatia é uma capacidade que integra o pensar, o sentir e o agir, e que precisa ser construída na prática de nossas relações. Ao nos esforçarmos para ser cada vez mais empáticos, podemos perceber que temos um potencial de transformação enorme, que inclui desde a criação de ideias até a capacidade de compreender e acolher os problemas do cotidiano social, tanto locais quanto globais. Essa atitude é a chave para sermos colaborativos, capazes de ouvir e de acolher as ideias dos outros, de participar de equipes e ou de liderá-las, visando sempre resultados comuns.

DESENVOLVIMENTO

1ª ETAPA Empatia social
2ª ETAPA Vozes sobre empatia
3ª ETAPA Mobilizar atitudes de empatia
4ª ETAPA Realizando a campanha

Kenzo Hamazaki/ID/BR

A prática da empatia

A expressão "dia a dia" define o viver cotidiano. É nesse contexto que somos chamados a ser empáticos e no qual, muitas vezes, revelamos limitações, preconceitos, falta de abertura e de diálogo.

Leia as charges a seguir.

1.

↑ Charge do cartunista Ryotiras, 2016.

2.

↑ Charge do cartunista Duke, 2019.

3.

Charge do cartunista Duke, 2018. →

PRIMEIRAS IDEIAS

1. Você concorda com a resposta da personagem da charge 1? Por quê?

2. Ainda sobre a charge 1, em quais situações cotidianas da sua vida você percebe atitudes suas ou de outras pessoas semelhantes à retratada pela personagem da charge?

3. A charge 2 faz alusão a um episódio conhecido da vida de Jesus: a crucificação. As falas das personagens parecem tentar justificar esse acontecimento. Na sua opinião, essas falas são coerentes? Por quê?

4. Como você interpreta a mensagem transmitida pela charge 3? Consegue pensar em situações cotidianas que considere semelhantes a essa?

5. Em grupo, discutam e definam possíveis saberes atitudinais que podemos aprender com base nas reflexões realizadas. Registre-os no caderno, para que sejam retomados na próxima etapa do Projeto.

UNIDADE 1

2 VIDA APÓS A MORTE

1. Você já ouviu falar sobre o ritual apresentado nesta foto? Quais características desse ritual você consegue identificar?
2. Na sua opinião, qual é a importância dos rituais funerários?
3. Você já esteve presente em um funeral? Compartilhe sua experiência com os colegas.
4. **SABER SER** Como você acredita que deva se comportar em um ritual funerário?

Ritual funerário Mapuche, na comunidade Temucuicui, no Chile. Foto de 2018.

Ana Karina Delgado/picture alliance/Getty Images

PARA COMEÇO DE CONVERSA

Todos nós nascemos, crescemos, envelhecemos e morremos. Mas o que será que acontece depois da morte? Muita gente diz que para tudo se dá jeito, menos para a morte. Também há quem diga que, até hoje, ninguém que tenha morrido voltou para contar o que acontece. Você já se fez essa pergunta? Conseguiu chegar a uma conclusão?

1. Analise a conversa entre os passarinhos. Com qual deles você mais se identifica?

← Tira de Orlandeli, 2014.

2. O que você acha que acontece depois da morte? Converse sobre isso com o professor e os colegas.

CURIOSIDADE FILOSÓFICA

A cientista da religião Viviane Cristina Cândido sintetiza a ideia da "Redenção" como um *acontecendo* para aquele que ama o próximo. Segundo ela, essa compreensão provoca em nós três mudanças conceituais:

↑ A cientista da religião Viviane Cristina Cândido em São Paulo (SP). Foto de 2022.

[...] primeiramente passamos da religião vista como resposta ou solução para a morte – como promessa de continuidade da vida e de recompensas – para a vida que acontece em vida na qual a morte é companheira diária com quem aprendemos a conviver; em segundo lugar, esse vencer a morte se dá num cotidiano sim à vida – própria e do outro, repetido diariamente, o que coloca a **Redenção como um *acontecendo* e não um depois**. Finalmente, a redenção se dá no amor ao próximo, portanto, em relação.

Viviane Cristina Cândido. *Epistemologia da controvérsia para o ensino religioso*: aprendendo e ensinando na diferença, fundamentados no pensamento de Franz Rosenzweig. 2008. p. 227. Tese (Doutorado em Ciências da Religião) – Pontifícia Universidade Católica de São Paulo.

1. Reflita sobre a ideia de redenção destacada no texto e compartilhe suas percepções com os colegas e o professor.

2. Como você interpreta a relação entre vida e morte na reflexão da autora? Converse sobre suas ideias com os colegas e o professor.

POR DENTRO DA HISTÓRIA

A morte é uma realidade humana e, portanto, precisamos enfrentá-la com maturidade e esperança. Ao vivenciar a perda, experimentamos o luto por aqueles que morreram.

As culturas estabeleceram, ao longo do tempo, diferentes maneiras de se relacionar com a morte. Algumas delas construíram lugares específicos para enterrar seus mortos; outras criaram rituais funerários com fogueiras; também há aquelas que desenvolveram práticas de conservação dos corpos. Além desses, há diversos outros rituais, celebrações e práticas simbólicas para marcar o fim da vida.

Uma dessas práticas é a mumificação, comum no Egito Antigo, onde foram construídas grandiosas pirâmides para abrigar as múmias dos faraós. Os egípcios acreditavam que, após a morte, os corpos deveriam ser preservados tal como em vida, pois, dependendo do julgamento dos deuses, o espírito poderia voltar e retomar seu corpo; para isso, aperfeiçoaram métodos de embalsamamento com a intenção de conservar os cadáveres. Na história mundial também há registros de mumificação natural, como é o caso das famosas múmias de Guanajuato, no México.

↑ Múmias expostas no Museu das Múmias de Guanajuato, no México. Foto de 2019.

Além de conhecer restos mumificados de ancestrais locais, os visitantes do Museu das Múmias de Guanajuato têm um encontro único com o mistério da morte. A coleção de múmias que compõe o acervo da instituição é um patrimônio cultural do município. Na página oficial do museu, citam-se as seguintes palavras do escritor e diplomata mexicano Octavio Paz (1914-1998), ganhador do Prêmio Nobel de Literatura de 1990:

> O homem deve se abrir para a morte se quer se abrir para a vida.
>
> O culto à vida é também culto à morte.
>
> Uma civilização que nega a morte acaba por negar a vida.

Museu das Múmias de Guanajuato. Disponível em: https://museodelasmomiasdeguanajuato.negocio.site/. Acesso em: 17 abr. 2022. (Texto traduzido pelo autor desta coleção para fins didáticos.)

A experiência dos mártires cristãos

Com o título de Augusto, Caio Otávio (63 a.C.-14 d.C.) foi o primeiro imperador de Roma. Ele se considerava um deus, passando a ser cultuado pelos romanos. A fim de manter a unidade imperial, Otávio Augusto e seus sucessores empreenderam violentas perseguições contra os cristãos que não cultuavam os imperadores e não seguiam as leis romanas. As perseguições aos cristãos foram intensificadas, sobretudo, no intervalo entre o governo de Nero (de 54 a 68) e o de Diocleciano (de 284 a 305).

Além disso, a sociedade romana considerava absurda a religião cristã, por ser contrária a costumes como os jogos violentos e o serviço militar. Os cristãos eram vistos como maus cidadãos e até como ateus, por não frequentarem templos nem adorarem deuses romanos.

Nessas perseguições, além de perderem seus bens, os adeptos do cristianismo eram submetidos a trabalhos forçados, levados à prisão, torturados e, em muitos casos, mortos. Os cristãos que preferiram morrer a renunciar à fé em Jesus Cristo foram chamados de **mártires**, que, em grego, significa "testemunhas".

Santo Estêvão (5 d.C.-34 d.C.), considerado o primeiro mártir da Igreja católica, fazia parte de um grupo que pregava a mensagem de Jesus Cristo e, por isso, foi detido pelas autoridades e levado ao tribunal (chamado sinédrio). Acusado de blasfêmia, Estêvão foi arrastado para fora da cidade e apedrejado. Seu corpo foi resgatado e sepultado pelos companheiros cristãos.

As catacumbas

Os primeiros cristãos sepultavam seus mortos em cemitérios subterrâneos semelhantes a labirintos, chamados de catacumbas. Com o passar do tempo, as catacumbas se converteram em lugares de peregrinação e de culto, pois nelas foram enterrados muitos mártires. Na época das perseguições, algumas catacumbas serviram de refúgio e de lugar de celebração da Eucaristia. Nesses locais, também foram registradas as primeiras pinturas cristãs, feitas para ilustrar e sintetizar as experiências de fé.

↑ Carlo Crivelli. *Santo Estêvão*, 1476. Têmpera sobre madeira.

← Interior das catacumbas de Domitila, em Roma, na Itália. Foto de 2019.

INVESTIGANDO

1. Como você entende o que foi expresso por Octavio Paz na página anterior? Compartilhe sua resposta com os colegas e o professor.

2. Pesquise histórias de outros mártires que viveram na época das perseguições aos cristãos.

Depois, converse com os colegas e o professor sobre estas questões:

a) Para os primeiros cristãos, qual era o significado de dar a vida – isto é, morrer – por Jesus Cristo?

b) Atualmente, ocorrem situações semelhantes às que os primeiros cristãos vivenciaram? Justifique sua resposta.

EXPERIÊNCIAS RELIGIOSAS

No início desta unidade, vimos que muitas tradições religiosas buscam dar respostas para o mistério da vida após a morte. Leia, a seguir, uma lenda indígena relacionada à ancestralidade.

Contam os nossos antepassados que um índio tinha uma linda filha. Todos da aldeia gostavam dela; algumas índias ficavam com inveja. Mas é normal. Ela chamava Mandi. Tinha cabelos longos e pretos, olhos esticados, pele morena.

Então, um dia, Mandi ficou doente, seus pais ficaram preocupados sem saber o que fazer. Não conheciam o que ela tinha, mas mandaram chamar o pajé para vir vê-la. Quando chegou já era tarde. Mandi não resistiu. Todos da aldeia vieram ver e choraram por sua partida. Mas até hoje acreditam que Mandi não morreu, e está aqui, fazendo parte da nossa cultura. Por Mandi ser uma pessoa boa, que respeitava todos da aldeia, o cacique e o pajé decidiram enterrar seu corpo dentro de uma oca de religião.

Não enterraram fundo, apenas num buraco raso. Após uns dias notaram que havia no lugar do seu corpo, nascendo, uma linda planta. Deixaram a planta crescer com tempo, tiraram-na e tinha raiz (longa, casca morena, e por dentro era branca). Então o pajé e o cacique reuniram a aldeia e apresentaram a planta. E falaram:

– Aqui está a Mandi. Ela não morreu; nem quis que seu povo passasse fome, pois todos podem provar dessa raiz, que é um delicioso alimento. Foi aí que deram o nome de Mandioca, porque enterraram Mandi dentro da oca. Por isso deram o nome de Mandioca. Como eu disse, até hoje a mandioca é da nossa cultura e representa muita coisa boa para nós índios; porque é dela que fazemos cauim, farinha, beiju, tapioca, carimã, e comemos sua raiz.

Kanátyo, Poniohom e Jassanã Pataxó. A lenda da mandioca. Em: *Cada dia é uma história*. Brasília: MEC/SEF, 2001. p. 37.

Ilustrações: Linker Eduardo/ID/BR

Reencarnação: voltar a viver em um novo corpo

Segundo a crença da reencarnação, após a morte do corpo, o espírito segue sua trajetória para um novo nascimento, em outro corpo. A reencarnação é compreendida com base no movimento cíclico da natureza; assim, os espíritos podem reencarnar várias vezes até alcançar a perfeição. Os hindus, os budistas e os seguidores do espiritismo compartilham dessa crença.

Para os espíritas, a reencarnação:

> [...] é a volta da alma à vida corpórea, mas em outro corpo, especialmente formado para ela e que nada tem de comum com o antigo.
>
> Allan Kardec. *O evangelho segundo o espiritismo*. 2. ed. São Paulo: Opus, 1985. p. 561.

1 Com os colegas, pesquise a respeito do espiritismo e da reencarnação. Depois, com base no que pesquisaram, vocês vão analisar a tira a seguir.

↑ Tira de Jean Galvão, 2019.

2 Considerando o resultado da pesquisa e o conteúdo da tira, registre abaixo as principais ideias do espiritismo acerca da morte e da reencarnação.

_____
_____
_____
_____
_____
_____
_____
_____

CONEXÕES

Já pensou em ter a morte como comadre? A ideia faz você tremer de medo? Leia um conto popular que trata desse tema.

O compadre da morte

Um pobre homem morava em um casebre com a mulher e seus seis filhos. Quando nasceu seu sétimo filho, [...] saiu pelo mundo para procurar alguém que pudesse ser padrinho do menino. Percorreu longo caminho e nada! Todos os que ele encontrava não aceitavam ser compadres de alguém tão miserável.
Foi quando disse:
— Era melhor encontrar a morte que ficar vagando pelo mundo sem esperança de nada.
A Morte [...] escutou e, sentindo-se querida e desejada, ofereceu-se para ser a madrinha da criança. O homem [...] decidiu aceitar a oferta da sinistra criatura. Isso feito, combinaram o dia e a hora do batizado.
Quando acabou a cerimônia, a Morte disse ao novo compadre:
— Compadre meu, em sinal da minha gratidão por ter sido escolhida para ser madrinha de seu caçula, vou fazer do compadre um homem rico para que, assim, cuide bem do meu afilhado. De hoje em diante, você será médico e, com minha ajuda, nunca errará no que disser sobre a vida ou a morte do paciente. Preste atenção: quando for visitar um doente e me ver na cabeceira da cama do enfermo, receite qualquer coisa [...] que ele ficará bom. Se eu estiver nos pés da cama, não faça nada porque o caso estará perdido.
O homem entendeu direitinho. Colocou na porta do casebre uma placa dizendo que atendia como médico. Não demorou nada a aparecerem pacientes [...]. Bastava o falso médico visitar o doente, olhar na cabeceira da cama onde estava, em pé, a comadre, para ter certeza de que a pessoa não morreria. E assim ia logo prescrevendo:
— Trate de tomar duas colherinhas de mel de abelha com leite de vaca malhada que nada mais terá. Não morre nem tão cedo!
[...]
Ou, caso visse a megera nos pés da cama, não poupava a família:
— Tratem do funeral, pois logo logo esse aí vai estar na terra dos pés juntos!
Como aqueles que ele "tratava" ficavam bons, o homem passou a nadar em dinheiro. Um dia, adoeceu o filho do Rei e este mandou buscar o famoso médico [...] para que ele salvasse a vida do príncipe. Ao fazer a visita, viu a comadre nos pés da cama. Como não queria perder a fama [...], planejou enganar a Morte. Mandou que os criados virassem a cama: os pés passaram para a cabeceira e a cabeceira para os pés. A Morte, muito contrariada, foi-se embora, praguejando e jurando que se vingaria do compadre traidor. Tempo depois, o falso médico estava em casa quando apareceu sua comadre. Disse ela que o levaria, pois seu tempo havia chegado [...].
— Mas ainda não quero morrer, comadre! Deixe-me ficar mais um ano... — implorou ele
Como somos compadres, vou deixar que fique mais um ano! Mas antes preciso que você vá até a minha casa.
— Só vou se prometer que eu volto!
— Prometo — disse a Morte.
Então, ela levou o homem [...] até os seus domínios. Mostrou a casa toda. Chegaram a um salão repleto de velas acessas de todos os tamanhos, umas já se apagando, outras bem acesas, outras esmorecendo. O homem, curioso, quis saber o que eram aquelas velas.
— É a vida de cada pessoa — explicou a Morte.
— Cada um tem uma vela acesa. Quando a vela acaba, a pessoa morre.
O médico foi perguntando pelos amigos e conhecidos e vendo o estado das vidas. Até que lhe ocorreu perguntar pela vida dele. A Morte mostrou um toco de vela.
— Minha nossa! Essa que é a minha vela? Então eu estou por um sopro!
A famigerada disse:
— Está com horas de vida. Por ser meu amigo, trouxe-o aqui para ver, mas você me fez prometer que o levaria de volta. Portanto, vou deixá-lo morrer em casa.
Então, um sono profundo caiu sobre o homem. Quando acordou, estava na sua cama rodeado pela família. Chamou a comadre e pediu:
— Comadre, me conceda a última caridade. Deixa eu rezar um Padre-Nosso.

Liniker Eduardo/ID/BR

— Pode rezar — concordou a Morte. — A senhora jura que não me leva antes de eu terminar a reza?
— Juro!

O homem começou a rezar: "Padre-Nosso que estás no céu...". E calou-se. A Morte disse:
— Vamos, compadre, reze o resto!
— Nem pense nisso, comadre! Você jurou que me dava tempo de rezar o Padre-Nosso, mas eu não expliquei quanto tempo vai durar minha reza. Vai durar anos e anos...

A Morte foi-se embora, zangadíssima porque mais uma vez foi enganada pelo compadre.

Anos e anos depois, o homem, velhinho, ia passeando nas suas grandes propriedades quando reparou num corpo caído no chão. Aproximou-se e viu que era um morto. Pensou: "Que sina triste morrer sozinho [...]. Melhor rezar um Padre-Nosso pela criatura". E começou a rezar, terminando a reza inteirinha.

Assim que disse o amém, a Morte, espertamente, levantou-se do chão e bateu-lhe o cajado na cabeça. Nesse instante, apagou-se a vela da vida do compadre da Morte. [...]

Marcia Paganini; Ricardo Dalai. *Histórias bem-contadas*: contos da tradição popular brasileira. Londrina: Madrepérola, 2018. p. 7-10.

1. Identifique e registre no caderno duas ideias sobre a morte apresentadas no conto. Compartilhe suas anotações com os colegas e o professor.

2. Observe a frase escrita na lápide do túmulo ilustrado na charge e converse com os colegas e o professor sobre seus possíveis significados.

Charge de Genildo, 2017.

FIQUE LIGADO!

Soul. Pete Docter, Kemp Powers. Estados Unidos, 2020 (100 min).

A animação da Pixar revela uma narrativa com tom reflexivo muito interessante para problematizar questões existenciais, inclusive tangenciando a ideia da vida após a morte, tema da unidade. Embora seja caracterizado como um filme infantil, o enredo prende a atenção de pessoas de todas as idades, justamente porque aproveita a narrativa sobre a história do protagonista, Joe, para apresentar e discutir dilemas de toda ordem, com humor e muita criatividade.

Converse com o professor sobre a possibilidade de a turma assistir ao filme e realizar um debate em seguida.

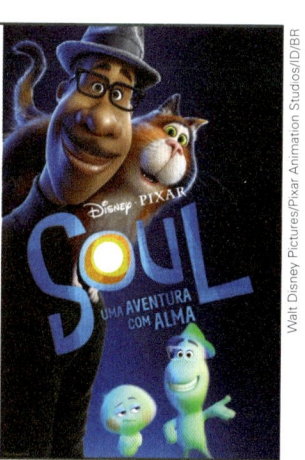

ESPAÇO DE DIÁLOGO

Para as tradições religiosas que acreditam na ressurreição, a morte é uma passagem, e todas as pessoas serão julgadas no juízo final. Uma parte delas terá a possibilidade de viver uma vida eterna.

Os fiéis das três religiões monoteístas – cristianismo, judaísmo e islamismo – creem que precisam realizar boas obras para alcançar a salvação no juízo final e evitar a punição no inferno.

Mas o que se entende por inferno? Para os cristãos, inferno é um estado de ausência de Deus. Se a felicidade no céu é a união com Deus, o inferno é o oposto, o distanciamento do Criador. Deus não criou o inferno; de fato, este consiste em uma condição que resulta da livre escolha de se afastar do bem.

No cristianismo, a ressurreição se fundamenta na mensagem de Jesus Cristo. Segundo o Evangelho, depois de submetido à morte na cruz, Jesus ressuscitou no terceiro dia e subiu aos céus. Tal evento marca a promessa de que todos os que seguem Sua palavra e Nele acreditam podem ter uma vida eterna.

No final dos tempos, segundo a tradição cristã, Deus vai ressuscitar os seres humanos, assim como fez com Jesus. A alma humana permanece imutável, e o corpo ressuscitado não será formado da mesma matéria que conhecemos. É por esse motivo que a Igreja católica não se opõe à cremação. Entretanto, as tradições religiosas monoteístas orientam seus rituais fúnebres de maneiras distintas.

Os cristãos acreditam na ressurreição. Os judeus, por sua vez, esperam a justa retribuição na outra vida e aguardam a vinda do Messias. Já os muçulmanos acreditam que a eternidade é a recompensa que obterão por seguir as leis do Alcorão.

O que é o Reino dos Céus?

Em vários momentos, encontramos na Bíblia expressões que remetem aos céus, como "morada, trono ou santuário de Deus". O texto bíblico também afirma que precisamos buscar as coisas do "alto" e, muitas vezes, refere-se a Deus como "Altíssimo". Além disso, as Escrituras nos convidam a buscar o Reino dos Céus ou Reino de Deus. Mas o que seria exatamente esse reino?

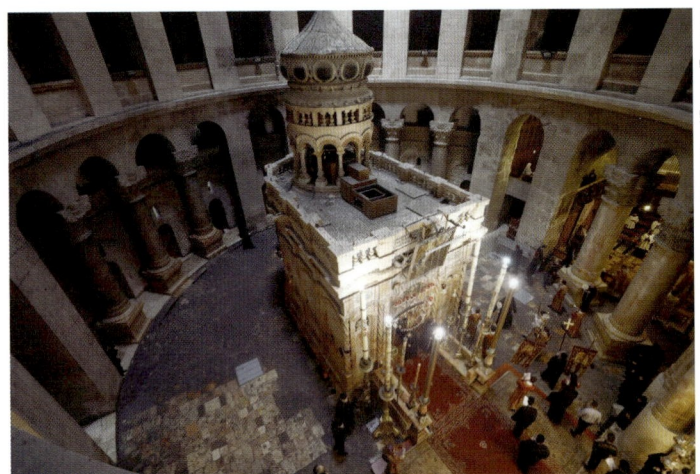

↑ Tumba de Jesus Cristo, na Igreja do Santo Sepulcro, em Jerusalém, Israel. Foto de 2020.

[**CREMAÇÃO:** processo funerário de queima do corpo até que este vire cinzas.]

↑ Philippe de Champaigne. *Santo Agostinho*, c. 1645. Óleo sobre tela.

Agostinho (354-430), santo e doutor da Igreja católica, escreveu *Confissões*, livro em que dirige todo seu amor a Deus, considerado fonte de todo o bem e da verdade absoluta. Para Agostinho, Deus, que cuida de nós nesta vida, será nosso lugar depois da morte. Nesse livro, Agostinho afirma que Deus nos criou e que nosso coração repousa inquieto na fé, que nos conduz ao encontro com o Criador.

Teresa de Ávila (1515-1582), monja e santa, escreveu poemas que sintetizam de forma esplendorosa a mística cristã. Leia um trecho do poema "Vivo sem em mim viver".

Vivo sem em mim viver
e tão alta vida espero
que morro por não morrer.

Vivo já fora de mim
depois que morro de amor,
porque vivo no Senhor,
que me quis só para Si:
dei meu coração a Ti
e pus nele o dizer
que morro por não morrer.
[...]

Citado e traduzido por Wanderson Lima. *Desenredos*, Teresina, ano 1, n. 2, set./out. 2009. Disponível em: http://desenredos.dominiotemporario.com/doc/02_traducao_-_teresa_davila_-_wanderson.pdf. Acesso em: 19 abr. 2022.

↑ Peter Paul Rubens. *Santa Teresa de Ávila*, c. 1615. Óleo sobre madeira.

Textos como esse ajudam a compreender que as noções de tempo e espaço que temos nesta vida não farão sentido em outra vida. A ideia de céu é, antes de mais nada, estar junto de Deus. O próprio Jesus afirma que a vida eterna se dá mediante o caminho da fé em Deus.

1 **SABER SER** Entreviste uma pessoa de religião cristã fazendo-lhe as perguntas a seguir. Registre as respostas no caderno.

a) O que é, para você, o Reino dos Céus?

b) Como você definiria a vida eterna?

2 Compartilhe com os colegas e o professor as respostas que você obteve na entrevista. Depois, responda às mesmas perguntas oralmente.

ATITUDES DE PAZ

Nesta unidade, refletimos sobre diferentes concepções de vida após a morte. Mas, de fato, o que precisamos fazer para alcançar a vida eterna?

1 Leia o texto bíblico em que se descreve o episódio conhecido como juízo final e sublinhe os trechos que mais chamam sua atenção.

> Quando o Filho do Homem vier na sua glória, acompanhado de todos os anjos, então se assentará em seu trono glorioso. Todos os povos da terra serão reunidos diante dele, e ele separará uns dos outros, assim como o pastor separa as ovelhas dos cabritos. E colocará as ovelhas à sua direita, e os cabritos à sua esquerda. Então o Rei dirá aos que estiverem à sua direita: "Venham vocês, que são abençoados por meu Pai. Recebam como herança o Reino que meu Pai lhes preparou desde a criação do mundo. Pois eu estava com fome, e vocês me deram de comer; eu estava com sede, e me deram de beber; eu era estrangeiro, e me receberam em sua casa; eu estava sem roupa, e me vestiram; eu estava doente, e cuidaram de mim; eu estava na prisão, e vocês foram me visitar". Então os justos lhe perguntarão: "Senhor, quando foi que te vimos com fome e te demos de comer, com sede e te demos de beber? Quando foi que te vimos como estrangeiro e te recebemos em casa, e sem roupa e te vestimos? Quando foi que te vimos doente ou preso, e fomos te visitar?" Então o Rei lhes responderá: "Eu garanto a vocês: todas as vezes que vocês fizeram isso a um dos menores de meus irmãos, foi a mim que o fizeram."
>
> Depois o Rei dirá aos que estiverem à sua esquerda: "Afastem-se de mim, malditos. Vão para o fogo eterno, preparado para o diabo e seus anjos. Porque eu estava com fome, e vocês não me deram de comer; eu estava com sede, e não me deram de beber; eu era estrangeiro, e vocês não me receberam em casa; eu estava sem roupa, e não me vestiram; eu estava doente e na prisão, e vocês não me foram visitar.". Também estes responderão: "Senhor, quando foi que te vimos com fome, ou com sede, como estrangeiro, ou sem roupa, doente ou preso, e não te servimos?". Então o Rei responderá a esses: "Eu garanto a vocês: todas as vezes que vocês não fizeram isso a um desses pequeninos, foi a mim que não o fizeram.". Portanto, estes irão para o castigo eterno, enquanto os justos irão para a vida eterna.
>
> Mateus 25: 31-46.

2 Após a leitura, converse com os colegas e o professor sobre a seguinte questão: Qual é a mensagem do texto bíblico a respeito do juízo final e como poderíamos defini-lo?

3 Agora, que tal um desafio? Observe a pintura *O juízo final*, do artista russo Wassily Kandinsky (1866-1944). Como você a interpreta? Compartilhe sua resposta com os colegas e o professor.

Wassily Kandisky. *O juízo final*, → 1912. Pintura sobre vidro e moldura pintada.

Museu Nacional de Arte Moderna, Centro George Pompidou, Paris.

A prática do bem e a vida após a morte

Para ter uma boa vida após a morte, é preciso praticar o bem. Essa máxima vale para todas as tradições religiosas que acreditam na ressurreição, pois, ainda que sob perspectivas distintas, todas elas anunciam a busca pela virtude humana.

Os seguidores do hinduísmo, por exemplo, acreditam na reencarnação, de cujo ciclo (*samsara*) buscam se libertar. Para isso, procuram agir bem e de maneira justa, realizando as obrigações sociais e religiosas (*darma*). Segundo a lei do carma, toda ação efetuada por uma pessoa tem consequências que podem caracterizar recompensa ou castigo.

Para os hinduístas, o caminho da perfeição consiste na experiência mística de compreender que as pessoas não são nem corpo nem mente, mas, sim, uma alma perfeita e pura, idêntica ao divino.

↑ Praticante do hinduísmo rezando na confluência do rio Ganges com o rio Saraswati, na Índia. Foto de 2019.

FIQUE SABENDO!

As bem-aventuranças proclamadas por Jesus foram:

- Felizes os pobres em espírito porque deles é o Reino do Céu.
- Felizes os aflitos, porque serão consolados.
- Felizes os mansos, porque possuirão a terra.
- Felizes os que têm fome e sede de justiça, porque serão saciados.
- Felizes os que são misericordiosos, porque encontrarão misericórdia.
- Felizes os puros de coração, porque verão a Deus.
- Felizes os que promovem a paz, porque serão chamados filhos de Deus.
- Felizes os que são perseguidos por causa da justiça, porque deles é o Reino do Céu.

[**BEM-AVENTURANÇA:** felicidade suprema, glória.]

No budismo, a lei do carma estabelece que todas as ações receberão o prêmio ou o castigo que merecem, seja nesta vida, seja na reencarnação seguinte. Os budistas não concebem a ideia de uma alma imortal, mas acreditam que, com base em suas ações, surge uma nova pessoa. Para eles, a perfeição pessoal não é motivada por um juízo divino, mas pela lei moral natural. Por isso, seguem o exemplo de Buda que, com seu esforço e sem ajuda sobrenatural, alcançou a iluminação.

No cristianismo, o Sermão da Montanha (Mateus 5: 1-10) resume os ensinamentos de Jesus a respeito do Reino divino e das transformações que o próprio Cristo produz. Nesse sermão, Jesus proclama a vontade de Deus que leva à libertação do homem: as bem-aventuranças são esse anúncio da justiça desse Reino.

↑ Jovem monge budista lendo em um templo de Bagan, em Myanmar. Foto de 2018.

AMPLIANDO HORIZONTES

Vimos, nesta unidade, mártires dos primeiros tempos do cristianismo, que morreram por amar a Deus, confiando, também, no recebimento da vida eterna. Conheça agora a história de uma freira do nosso tempo que também morreu por suas convicções religiosas.

A religiosa Dorothy Mae Stang, conhecida como irmã Dorothy, nasceu nos Estados Unidos, em 1931, e trabalhou como missionária na Amazônia. Foi assassinada em 2005, no município de Anapu, no Pará, onde defendia a implantação de projetos de desenvolvimento sustentável. Dorothy dedicou mais de trinta anos de sua vida à defesa de causas ambientais e dos direitos dos trabalhadores sem-terra brasileiros.

Na missa que recordou os dez anos da morte da irmã Dorothy e sua dedicação à evangelização do povo da Amazônia, foram registrados dois testemunhos:

↑ Irmã Dorothy. Foto de 2005.

"A morte de Irmã Dorothy Stang irrompeu com a força da ressurreição. Sua ação, humilde e desconhecida, pequena e quase isolada, multiplicou-se por todos os cantos do Brasil, conquistando corações e mentes e ganhou as dimensões do mundo e do tempo", expressou o bispo de Balsas (MA) e presidente da Comissão Pastoral da Terra (CPT), dom Enemésio Lazzaris, sobre o assassinato da religiosa.

[...]

"Quando enterramos o corpo da Irmã Dorothy, em fevereiro de 2005, repetimos muitas vezes que 'não estamos enterrando Irmã Dorothy, mas sim, [a] estamos [...] plantando'. Ela é uma semente que vai dar muitos frutos. Queremos celebrar estes frutos e as novas sementes que estes frutos estão lançando", destaca nota no *site* da Prelazia do Xingu.

Bispos recordam 10 anos da morte da missionária irmã Dorothy Stang. CNBB, 13 fev. 2015. Disponível em: https://www.cnbb.org.br/bispos-recordam-10-anos-da-morte-da-missionaria-irma-dortohy-stang/. Acesso em: 19 abr. 2022.

1 Com base no que foi discutido nesta unidade, responda:

a) O que quis dizer dom Enemésio Lazzaris no trecho: "A morte de Irmã Dorothy Stang irrompeu com a força da ressurreição."?

_____
_____

b) Qual é o sentido de comparar a irmã Dorothy com uma semente?

_____
_____

2 **SABER SER** Quando lhe perguntaram sobre como gostaria de ser lembrado, em entrevista realizada duas semanas antes de sua morte, Paulo Freire (1921-1997), um dos grandes educadores brasileiros, afirmou:

"Eu gostaria de ser lembrado como alguém que amou o mundo, as pessoas, os bichos, as árvores, a terra, a água, a vida" [...].

Paulo Freire. *A educação na cidade*. 5. ed. São Paulo: Cortez, 2001. p. 25.

- E você, como gostaria de ser lembrado?

_____
_____
_____
_____

↑ Paulo Freire. Foto de 1994.

3 **Epitáfio**, palavra de origem grega que significa "sobre o túmulo", são as frases inscritas sobre as sepulturas nos cemitérios com a intenção de homenagear a pessoa falecida e recordá-la pelo que desejou e realizou em vida. É interessante dizer que há quem escolha deixar seu epitáfio pronto antes de morrer. Sabendo disso, faça o que se pede a seguir.

- Pense em um artista ou em uma pessoa pública que já morreu e por quem você sentia admiração.
- Pesquise essa pessoa, procurando informações a respeito das datas de nascimento e de morte, do que ela gostava de fazer, quais foram suas principais conquistas e quais eram suas virtudes.
- Agora, imagine que você foi encarregado de escrever o epitáfio dela. Escreva abaixo um texto para ela, tendo como referência o epitáfio da foto a seguir.

_____
_____
_____
_____

← Lápide de Frank Sinatra (1915-1998) com a seguinte inscrição: "O melhor ainda está por vir. Marido e pai amado". *Cathedral City*. Estados Unidos. Foto de 2019.

UNIDADE 2

PROJETO CIDADANIA

PARTIDA | **REALIDADE** | AÇÃO | CHEGADA

VOZES SOBRE EMPATIA

O que você recorda sobre as reflexões desenvolvidas na etapa anterior deste projeto?

Nesta etapa, vamos convidá-lo, junto com os colegas, a aprofundar a compreensão sobre a prática da empatia como referência norteadora das nossas relações. Para isso, sugerimos as seguintes atividades:

1º PASSO: Em trios, pesquisem ideias de filósofos, artistas, lideranças, ativistas, entre outros, que tenham pronunciado algum pensamento marcante que incentive a reflexão sobre a importância da prática da empatia.

2º PASSO: Além de refletir sobre as ideias apresentadas por essas pessoas, selecionem algumas dessas citações e elaborem um cartaz com elas para ser pendurado em um mural ou um varal na sala de aula ou em outro espaço de convivência na escola, junto aos demais cartazes da turma. Além da citação, os cartazes devem conter ilustração ou foto do(a) autor(a) da citação e o nome dele(a). Combinem previamente com o professor os meios e locais mais adequados para organizar esse mural.

3º PASSO: Após terem fixado as produções, com orientação do professor, organizem-se para apresentar aos demais colegas da turma o trabalho do trio. É importante que nessa apresentação sejam evidenciados a citação, a pessoa que a proferiu e os motivos que os levaram a escolher aquela citação.

4º PASSO: Depois da apresentação, cada trio deve elaborar uma frase sobre empatia e confeccionar um novo cartaz para ser incluído no mural ou varal. Caso optem por apresentar o cartaz no formato de um varal, vocês podem aproveitar o verso do cartaz confeccionado anteriormente para produzir o novo, de forma que, independentemente da posição, uma frase sobre empatia possa ser vista e lida.

"A solidariedade caminha de mãos dadas com a consciência crítica. A solidariedade tem que ser construída em nossos corpos, em nossos comportamentos, em nossas convicções." (Paulo Freire)

"A educação é o ponto em que decidimos se amamos o mundo o bastante para assumirmos a responsabilidade por ele." (Hannah Arendt)

"[...] se alguém tem água de sobra mas poupa-a pensando na humanidade, é porque atingiu um nível moral que lhe permite transcender-se a si mesmo e ao seu grupo de pertença. Isto é maravilhosamente humano!" (Papa Francisco)

"Um encontro de dois: olho a olho, face a face. E quando estiveres perto, arrancarei teus olhos e os colocarei no lugar dos meus e tu arrancarás meus olhos e os colocarás no lugar dos teus e então, eu te olharei com teus olhos e tu me olharás com os meus." (Jacob Levy Moreno)

Jonles/ID/BR

A empatia nos conecta com o outro

A atividade anterior nos provocou a ampliar nossa capacidade de empatia. E como fazer isso? O caminho é a prática, o querer e o fazer no nosso cotidiano. Contudo, para conseguir fortalecer essa inquietação pessoal, colocar-nos diante de algumas indagações pode ser um caminho que nos ajudará a dar esses passos rumo à empatia.

Criar ambientes que nos levem a interagir, a dialogar, a refletir e a construir sentidos juntos é uma oportunidade para essa ampliação. Vamos lá?

Para iniciar este percurso, leia o texto a seguir.

Há uma escola pública a duzentos metros de minha casa na Pompeia, bairro de classe média de São Paulo. Durante dois anos, eu não soube da existência dela. A escola é murada, fechada. Não há sinalização alguma de que ali existem pessoas ensinando e aprendendo. [...].

Senti-me culpado, claro. Como é que eu não vi essa escola, por tanto tempo, tão perto de casa? Fiquei mal por alguns dias. Até que me deu um clique. Antes de me oferecer em sacrifício num altar de culpa, decidi testar uma hipótese. Fiz uma pesquisa desestruturada com amigos. Locais: no meio do bar, na fila de espera do restaurante, no cafezinho. Método: cada pessoa tinha de me dar o nome e a localização da escola pública mais perto de casa e do trabalho.

Quando as pessoas conseguiam responder "Qual é a escola pública mais perto da sua casa?", eu passava para a próxima etapa. A escola tem Fundamental 1? Fundamental 2? Ensino Médio? Pouca gente passou para essas perguntas específicas. E ninguém acertou as respostas sobre o que se aprende e quem estuda e ensina nessas escolas. Se fosse pegar meu grupo de amigos, dava para fazer um filme: "São Paulo, escola anônima".

Leandro Beguoci. Qual é o nome da escola pública mais perto da sua casa? Todos são a favor do envolvimento da comunidade. É nesse ponto que os problemas começam. Em: A importância da empatia na educação. Rio de Janeiro: Instituto Alana; São Paulo: Ashoka. p. 52. Disponível em: https://sinapse.gife.org.br/download/a-importancia-da-empatia-na-educacao. Acesso em: 10 maio 2022.

Após essa discussão, vamos dar um novo passo, que será fundamental para a próxima etapa do projeto: construir juntos um mapa dos "outros" (próximos) de nossa comunidade. Orientem-se pelo modelo a seguir e registrem o maior número de informações, inquietações e percepções que, na opinião de vocês, podem contribuir nas respostas às perguntas propostas.

Quem são esses "outros" que estão próximos de nós?

- Como os vemos?
- Como agimos diante deles?
- O que sentimos por eles?
- O que pensamos sobre eles?

PARA REFLETIR

- Agora, discuta com seus colegas com base nas perguntas a seguir.
  a) Se você fosse uma dessas pessoas que foram questionadas, você teria conseguido responder? Por quê?
  b) Qual foi a mensagem que o autor quis passar ao sugerir esse nome para o filme?
  c) Que outras situações, semelhantes à relatada pelo autor, identificamos em relação às nossas comunidades?

3 RITOS FÚNEBRES

1 Você conhece a celebração retratada nesta foto? Compartilhe o que sabe sobre ela com os colegas.

2 Na sua opinião, por quê, em países como o México, o Dia dos Mortos é uma ocasião festiva?

3 Como você e as pessoas de sua família ou comunidade celebram a memória das pessoas que já se foram?

4 **SABER SER** Há diferentes formas de compreender a vida após a morte e conferir significado a ela. Como podemos desenvolver atitudes de respeito em relação às crenças que são diferentes da nossa?

↑ Mulher acende vela em altar, em comemoração ao Dia dos Mortos em Teotitlán del Valle, no México. Foto de 2021.

PARA COMEÇO DE CONVERSA

Você já participou de algum velório? Como foi essa experiência?

Em velórios, prática cultural comum na sociedade brasileira, familiares e amigos se reúnem para velar a pessoa que morreu, até o momento do sepultamento. Essa é uma ocasião em que todos ficam sensibilizados e, por isso, é comum que chorem e lembrem fatos da vida do falecido.

Após o sepultamento, aqueles que conviviam com o falecido ficam de luto e, em geral, passam a ir ao cemitério visitar seu túmulo.

O ato de recordar cumpre um papel crucial de tornar o passado presente, construindo significados para a vida humana. Nesse sentido, podemos considerar os cemitérios também como espaços de memória, tanto no âmbito individual quanto no coletivo. Ao mesmo tempo em que é possível recordar as história de vida das pessoas que se já foram e estão sepultadas nos cemitérios, cada uma dessas pessoas representa um elemento da história coletiva de um povo, um lugar e um tempo histórico.

- Leia o quadrinho a seguir e converse sobre ele com o professor e os colegas.

↑ Quadrinho da Turma do Penadinho, de Maurício de Sousa.

a) Na opinião de vocês, o que a personagem da morte quis dizer ao afirmar que "a história nunca morre de fato, se a gente a mantiver viva"?

b) De que formas vocês imaginam que podemos manter viva a história daqueles que já se foram?

↑ Michel Foucault em Paris, na França. Foto de 1984.

CURIOSIDADE FILOSÓFICA

O filósofo francês Michel Foucault (1926-1984) escreveu sobre as transformações pelas quais passaram os cemitérios ao longo da história. A respeito das características dos cemitérios nas civilizações modernas, ele destaca:

[...] Esse cemitério, que se alojava no espaço sagrado da igreja, adquiriu nas civilizações modernas um aspecto totalmente diverso; e, curiosamente, foi na época em que a civilização se tornou, como se diz muito grosseiramente, "ateia" que a cultura ocidental inaugurou o que se denomina de culto dos mortos.

[...] a partir do momento em que não mais se tem tanta certeza de se possuir uma alma, de que o corpo ressuscitará, seja talvez necessário dar muito mais atenção a esses restos mortais, que são, afinal, o único traço de nossa existência no mundo e nas palavras.

Michel Foucault. De espaços outros. Tradução de Ana Cristina Arantes Nasser. *Estudos Avançados*, v. 27, n. 79, 2013. Disponível em: https://www.scielo.br/j/ea/a/zz6cfdQBcxskMtMXDHPqT4G/?lang=pt. Acesso em: 20 abr. 2022.

- Converse com os colegas e o professor sobre as ideias de Foucault e o significado dos cemitérios para a sociedade atual.

POR DENTRO DA HISTÓRIA

Os rituais funerários são celebrados para dar algum encaminhamento ao corpo e à alma da pessoa que morreu e também para oferecer consolo a seus familiares e amigos. Algumas dessas práticas são muito antigas e expressam a noção de que a morte é condição para passar da vida terrena para outra vida.

Em diferentes tradições, o corpo é preparado de modo a garantir que a pessoa reencontre os antepassados, alcance a imortalidade ou experimente um novo nascimento, seja para a vida em outra dimensão, seja para o descanso da alma. Em todas as tradições e culturas há crenças e práticas ligadas à morte.

A cremação

Segundo a tradição hinduísta, a morte acontece quando se apaga um dos elementos que constituem o indivíduo: fogo, água, ar, terra e éter. O corpo deve ser purificado para libertar a alma, que, assim, pode continuar seu caminho.

Nessa tradição, o corpo é coberto com um sudário ou mortalha de cor específica, conforme o gênero ou estado civil. Para homens e viúvas, a mortalha deve ser branca; para mulheres solteiras ou casadas, amarela. Enfeitado com coroas de flores, o corpo é transportado por homens em um tipo de maca, enquanto se entoam orações.

Em seguida, o corpo é submerso em um rio para ser purificado e depois colocado sobre uma pira, onde é cremado (incinerado). Com duração de três a quatro horas, essa etapa do ritual é acompanhada unicamente por homens. Por fim, as cinzas são lançadas nas águas do rio.

É importante destacar que as mulheres grávidas, as crianças e os sadhus não são incinerados, pois os hindus consideram que essas pessoas não precisam de purificação. Em vez disso, o corpo delas é enterrado ou lançado ao rio, amarrado a uma pedra.

ÉTER: no hinduísmo, representa o espaço, a amplitude, a expansão.

SADHUS: Os sadhus são líderes espirituais do hinduísmo. Considerados homens sábios, seguidores dos ensinamentos de divindades como Shiva, Vishnu e Durga.

← O rio Ganges é sagrado para os hinduístas. Por isso, eles desejam que suas cinzas sejam lançadas preferencialmente nesse rio, como uma homenagem a seus ancestrais. Na cidade de Varanasi, é comum ver às margens do rio madeiras e troncos de árvore empilhados para serem utilizados nos rituais de cremação. Na foto, ritual fúnebre hinduísta em Varanasi, Índia. Foto de 2018.

Memória dos mortos entre os indígenas

Os povos indígenas reverenciam as forças da natureza e os espíritos de seus antepassados. Para expressar suas crenças, os diversos povos realizam diferentes rituais fúnebres.

No Brasil, os povos indígenas da região do Xingu, no Mato Grosso, festejam a memória de seus antepassados no ritual do Kuarup. Trata-se de uma festa simbólica, na qual se reforçam os ensinamentos da tradição.

↑ Tronco de madeira sendo pintado e ornamentado para cerimônia de homenagem aos mortos entre os Waurá, no Parque Indígena do Xingu (MT). Foto de 2016.

O Kuarup ocorre sempre um ano após a morte dos parentes indígenas. Os troncos de madeira representam cada homenageado. Eles são colocados no centro do pátio da aldeia, ornamentados, como ponto principal de todo o ritual. Em torno deles, a família faz uma homenagem aos mortos. Passam a noite toda acordados, chorando e rezando pelos seus familiares que se foram. E é assim, com rezas e muito choro, que se despedem, pela última vez.

De acordo com a tradição, os convidados que vêm de outras comunidades e acampam nas proximidades da aldeia [...] recebem, das famílias que estão de luto, presentes como peixe e beiju. [...]

Kuarup: o ritual fúnebre que expressa a riqueza cultural do Xingu. Fundação Nacional do Índio (Funai). Disponível em: https://www.gov.br/funai/pt-br/assuntos/noticias/2018/kuarup-o-ritual-funebre-que-expressa-a-riqueza-cultural-do-xingu. Acesso em: 20 abr. 2022.

INVESTIGANDO

1. Pesquise as características do ritual do Kuarup e compartilhe com os colegas os resultados obtidos.
2. Em grupo com mais três colegas, faça uma pesquisa sobre os rituais fúnebres de outros povos indígenas brasileiros. Depois, escolha um desses rituais e apresente-o para a turma.

EXPERIÊNCIAS RELIGIOSAS

Na tradição islâmica, os muçulmanos são encorajados a lembrar a morte mesmo durante a vida, pois consideram que a morte está sempre presente e que faz parte da existência de todos. Os ensinamentos do islã recomendam tratar com gentileza, respeito e cuidado tanto os mortos quanto os que estão morrendo.

↑ Muçulmanos durante ritual fúnebre em Mandalay, Mianmar. Foto de 2021.

1 Leia o texto a seguir sobre o ritual fúnebre dos muçulmanos, sublinhe os trechos que mais chamarem sua atenção e compartilhe-os com a turma.

> As tradições fúnebres no Islão são marcadas pela simplicidade e [pela] austeridade. Segundo as regras religiosas, que são muito parecidas com as judaicas, o corpo deve ser sepultado dentro de 24 horas após a morte.
>
> Esta prática deixa apenas tempo para um pequeno velório e a lavagem cerimonial do corpo. Os homens tratam da lavagem do corpo dos homens, e as mulheres das mulheres, sendo que qualquer pessoa pode participar. A lavagem espelha as abluções que se fazem antes das orações, simbolizando a purificação e preparação para entrar no paraíso.
>
> Sempre com o maior respeito o cadáver é despido e coberto com um lençol branco. A exceção é para os casos de martírio, uma vez que um mártir deve ser sepultado com as roupas com que estava vestido na altura da morte.
>
> Não são usados caixões na tradição islâmica, e o corpo é enterrado embrulhado numa simples mortalha, sempre virado para Meca. Em locais onde, por costume local, é necessário usar um caixão este deve ser o mais simples possível.

Filipe d'Avillez. As religiões e a morte: Islão. Secretariado Nacional da Pastoral da Cultura, 22 nov. 2010. Disponível em: https://www.snpcultura.org/vol_rituais_funebres_islao.html. Acesso em: 20 abr. 2022.

FIQUE LIGADO!

Capitão Fantástico. Matt Ross. Estados Unidos, 2016 (118 min).

O filme é uma profunda reflexão sobre o modo de vida contemporâneo, problematizando nossa relação com o consumo, o tempo, a educação e o lazer. Além disso, após o suicídio da mãe, a família é obrigada a deixar o isolamento que havia escolhido como pano de fundo para a vida. Os pais da falecida, de tradição cristã, pretendiam realizar um funeral de acordo com as referências de sua religião, mas a filha deles havia deixado expresso o desejo de ter um funeral budista. O desenrolar desse elemento da trama nos permite pensar sobre as intersecções familiares e como as referências religiosas são importantes em momentos como a morte.

ABLUÇÃO: purificação por meio da água.

2 Com a ajuda de seus familiares, descreva as características do ritual fúnebre da tradição de sua família ou de sua religião. Depois, no espaço abaixo, sintetize as informações e represente-as usando a ferramenta do pensamento visual. (Veja o boxe "Fique sabendo!" a seguir).

FIQUE SABENDO!

Você se lembra do **pensamento visual**, recurso que usamos em anos anteriores? Essa ferramenta é composta de diversas técnicas que possibilitam representar ideias por meio de palavras e símbolos. Trata-se de um tipo de diagrama com elementos textuais e gráficos destinados a comunicar ideias, noções e conceitos com rabiscos e desenhos simples, que qualquer pessoa pode fazer. Observe o exemplo a seguir:

UNIDADE 3   45

CONEXÕES

No México, todo dia 2 de novembro, acontece uma das festas mais populares do país: o Dia dos Mortos. Nessa data, os mexicanos recordam seus antepassados, parentes e amigos que já morreram. É uma festa familiar, na qual todos lembram os falecidos com muita alegria, música, dança e comidas especiais. Sobre essa particularidade da cultura mexicana, o escritor e diplomata mexicano Octavio Paz (1914-1998) escreveu: "Nosso culto à morte é um culto à vida".

← Jose Guadalupe Posada, *El jarabe em ultratumba*, c. 1888, gravura.

La Catrina

A caveira é o símbolo principal da festa mexicana do Dia dos Mortos. Esqueletos engraçados e desarticulados ficaram famosos nas gravuras do artista mexicano Jose Guadalupe Posada (1852-1913), como é o caso de La Catrina, personagem central do Dia dos Mortos, conhecida também como ossuda, esquelética, ceifadora, dama de preto, santa morte, noiva fiel, além de muitos outros apelidos.

Inicialmente, La Catrina representava as mulheres indígenas que trabalhavam como empregadas domésticas e imitavam as patroas espanholas, usando chapéus exagerados e vestidos pomposos.

Diego Rivera. Detalhe do mural *Sonho de uma tarde de domingo na Alameda Central*, 1947. Na imagem, aparecem o próprio pintor, aos 9 anos de idade, e, atrás dele, a artista Frida Kahlo, que, com um gesto maternal, põe a mão no ombro do menino Diego (na vida real, Diego foi marido de Frida). A caveira Catrina aparece ao centro, junto a Jose Guadalupe Posada, seu criador. →

Os rituais da festa do Dia dos Mortos

Vamos conhecer um pouco a respeito da festa do Dia dos Mortos?

No Dia dos Mortos, os mexicanos depositam, junto aos túmulos, as comidas e as bebidas preferidas dos falecidos e cantam as músicas de que estes gostavam. Também são preparados doces e comidas com motivos fúnebres, como o "pão do morto", decorado com caveiras.

Nessa data, os mexicanos enfeitam altares caseiros com flores e fotos dos parentes já falecidos, dispondo também enfeites e caveiras. Há quem personifique imagens de caveiras em pingentes, correntes e brincos e faça pinturas corporais. Muitos fazem orações e acendem velas.

São famosas as "caveirinhas literárias", poemas que expressam ironicamente situações da vida política local e predizem de modo satírico o inesperado encontro com a morte.

↑ Altar em homenagem ao dr. Jose Luis Linares, no Dia dos Mortos, preparado por sua viúva Rosario Martinez, em sua casa na Cidade do México, no México. Foto de 2020.

1 Faça uma pesquisa sobre a festa mexicana do Dia dos Mortos e relacione as informações obtidas com o Halloween (Dia das Bruxas).

_____
_____
_____
_____
_____
_____
_____
_____

2 Converse com os colegas e o professor sobre o significado do Dia das Bruxas. Na opinião de vocês, o que essa celebração significa para a cultura brasileira?

FIQUE LIGADO!

Viva – A vida é uma festa. Lee Unkrich, Adrian Molina. Estados Unidos, 2017 (105 min).

A animação entrelaça a história de vida do menino Miguel e seu sonho de ser músico ao contexto do Dia dos Mortos no México. Para perseguir seu sonho e quebrar uma relação de maldição que sua família tem com a música, Miguel entra no mundo dos mortos, habitado pelas caveiras daqueles que já se foram. De um jeito leve e, por vezes, empolgante, o filme traz à tona questões importantes para compreendermos a nossa relação com a morte e com os entes queridos que já se foram.

ESPAÇO DE DIÁLOGO

Em 1º de novembro, a Igreja católica celebra o dia de Todos os Santos, uma festa antiga, instituída na Antioquia (atual Antáquia, na Turquia) no século IV. Nesse dia, a Igreja rememora os santos canonizados e todas as pessoas que viveram de acordo com os ensinamentos do Evangelho. Para o catolicismo, todos somos chamados a ser santos.

Segundo dom Manuel João Francisco, presidente da Comissão Episcopal Pastoral para o Ecumenismo e o Diálogo Inter-Religioso da CNBB:

> [Na Igreja católica], as celebrações, além de ser culto a Deus e aos seus santos, têm também uma motivação pedagógica. Deus contemplado em seus mistérios e a vida dos santos celebrados na liturgia motivam-nos a viver com mais intensidade nossa vocação.
>
> "Para um cristão, não é possível imaginar a própria missão na terra, sem a conceber como um caminho de santidade, porque 'a vontade de Deus é que sejamos santos' (1Ts 4,3)".
>
> O Papa Francisco no mês de março [...] de 2018 escreveu uma "Exortação Apostólica" a fim de "fazer ressoar mais uma vez a chamada à santidade, procurando encarná-la no contexto atual, com seus riscos, desafios e oportunidades, porque o Senhor escolheu cada um de nós 'para sermos santos e íntegros diante dele no amor' (Ef 1,4)". Lembra-nos o Papa que Deus "quer-nos santos e espera que não nos resignemos com uma vida medíocre, superficial e indecisa".
>
> Dom Manoel João Francisco. Solenidade de Todos os Santos. *CNBB*, 1º nov. 2018. Disponível em: http://www.cnbb.org.br/solenidade-de-todos-os-santos/. Acesso em: 21 abr. 2022.

↑ Pessoas colocando flores em túmulos no Dia de Finados, no Rio de Janeiro (RJ). Foto de 2021.

A devoção aos santos, expressada de várias maneiras pelos católicos, muitas vezes manifesta o desejo de alcançar a santidade. Os santos são exemplos de vida e podem interceder por nós enquanto peregrinamos com a esperança de chegar à presença divina.

No dia 2 de novembro, os católicos comemoram o Dia de Finados. Nessa data, a Igreja celebra a memória dos fiéis que já morreram e anuncia a vida eterna aos que acreditam na ressurreição de Jesus Cristo.

> Jesus disse: "Eu sou a ressurreição e a vida. Quem acredita em mim, mesmo que morra, viverá. E todo aquele que vive e acredita em mim, não morrerá para sempre. [...]"
>
> João 11: 25-26.

No Dia de Finados, os católicos lembram os mortos e pedem a Deus que lhes dê o repouso eterno.

1 Pesquise o significado religioso de visitar cemitérios. Registre no caderno o que você descobriu.

2 Entreviste um adulto que tenha o costume ir ao cemitério. Pergunte: Que sentido tem para você visitar parentes falecidos? Você costuma levar flores? Por quê? Registre as respostas no caderno e compare-as com as informações que você obteve na pesquisa. Depois, compartilhe suas conclusões com os colegas.

O cemitério judaico

Você sabia que os judeus costumam deixar pequenas pedras sobre as lápides de seus entes queridos? Esse gesto simboliza o desejo de manter viva a memória do falecido e exemplifica a riqueza de representações que constituem o ritual funerário dessa tradição religiosa. Leia o texto a seguir para entender esse ritual.

Por que se coloca uma pedra tumular?

O costume de colocar uma pedra tumular (*matzeivá*, em hebraico) remonta aos tempos dos nossos patriarcas. É um ato de respeito pelo falecido. Marcando visivelmente o local do sepultamento, asseguramos que os mortos não serão esquecidos, e sua sepultura não será profanada.

A pedra tumular pode ser colocada a partir do término da *Shivá* [período de sete dias de luto, contados a partir da data do enterro]. O mais comum, entretanto, é esperar decorrer um ano para inaugurar a *matzeivá*. Isto porque uma das funções básicas da pedra tumular é manter viva a memória do falecido. E, de acordo com o Talmud, "a memória dos mortos torna-se menos intensa após doze meses".

A tradição judaica recomenda que a lápide seja simples, sem nenhuma ostentação. Simbolicamente, porque a morte é o grande nivelador. Se havia diferenças em vida, elas são eliminadas na morte. Não há ricos nem pobres. Somos todos iguais porque nosso destino final é o mesmo.

Associação Religiosa Israelita Chevra Kadisha do Rio de Janeiro. Regras do luto. Disponível em: http://www.chevrakadisha.com.br/regras-do-luto/. Acesso em: 21 abr. 2022.

↑ Homem depositando pedra em túmulo no Cemitério Judeu de Turim, na Itália. Foto de 2022.

3 Com mais dois colegas, pesquise a respeito do ritual funerário judaico para responder às questões a seguir.

a) Por que se colocam velas acesas ao lado do corpo?
b) Quanto tempo após a morte o corpo deve ser sepultado?
c) Por que o corpo é envolvido em uma mortalha branca simples?
d) Por que os parentes mais próximos são os primeiros a jogar terra sobre o caixão?
e) Por que não há flores nem caixões ornamentados?
f) Por que os judeus lavam as mãos ao sair do cemitério?
g) O que é *kadish*?
h) A lei judaica permite a cremação?

4 Registre no caderno o resultado da pesquisa. Em seguida, converse com os colegas sobre as características do ritual funerário judaico.

ATITUDES DE PAZ

Em sua opinião, compartilhar a dor do luto com um amigo ou um parente ajuda a amenizar o sofrimento?

Você já viveu essa experiência? Já apoiou alguém ou recebeu apoio? Como se sentiu?

1 Pesquise o significado das palavras a seguir e registre-as abaixo. Depois, converse com os colegas e o professor sobre o significado de cada termo.

- Pêsames:
_____
_____

- Condolências:
_____
_____

É um grande desafio aprender a viver com a ausência de alguém que amamos e retomar o sentido da vida depois que essa pessoa morre. O luto pode causar muita dor e se estender por um longo período. Em sinal de solidariedade, é costume oferecer condolências, dar apoio e fazer companhia a quem sofre a perda de uma pessoa querida.

Há a possibilidade, também, de encontrar apoio em grupos e associações voltadas ao auxílio de pessoas enlutadas. Nesses grupos de apoio, que podem acontecer de forma presencial ou *on-line*, a escuta atenciosa e a empatia criam laços de cuidado e afeto entre os participantes. As reuniões podem ser conduzidas por líderes e pessoas religiosas, se o grupo de apoio estiver vinculado a alguma religião, ou ainda por profissionais e estudantes de psicologia que atendam em núcleos de estudo e universidades.

A Bíblia orienta os cristãos a chorar "com os que choram" (Romanos 12: 15b) e a "consolar todos os aflitos [...] para transformar sua cinza em coroa, seu luto em perfume de festa" (Isaías 61: 2-3).

↑ Cartaz do grupo de apoio à pessoa em luto, organizado pelo Laboratório de Processos Psicossociais e Clínicos no Luto, da UFSC.

2 **SABER SER** Com base nas discussões realizadas durante o estudo desta unidade, pesquise, reflita e responda: Como podemos ajudar alguém que está sofrendo pela perda de uma pessoa querida? Que palavras podemos dizer? Como devemos nos comportar? Compartilhe suas respostas com a turma.

_____
_____
_____
_____
_____
_____

3 Entreviste três pessoas que tenham passado pela experiência de perder uma pessoa próxima e pergunte a cada uma: O que significa estar de luto? Com base nas respostas, escreva um resumo no caderno. Depois, compartilhe seu resumo com os colegas, destacando os aspectos que mais chamaram sua atenção.

4 Converse com os colegas e o professor a respeito do que você sabe sobre a experiência do luto. Procure discutir as seguintes questões:

- Como as pessoas costumam expressar o luto?
- Quais são os símbolos, os gestos e as vestes associados ao luto nas diferentes tradições?
- Quanto tempo dura o enlutamento?
- O luto é um direito?

5 Com base na discussão proposta na atividade anterior, pesquise os costumes relacionados ao luto em diferentes tradições religiosas e complete o quadro a seguir.

PRÁTICA FÚNEBRE	TRADIÇÃO RELIGIOSA
Não existe luto. A orientação é seguir a vida normalmente, para que o espírito da pessoa que morreu possa se encaminhar com tranquilidade.	
O enlutado costuma fazer um rasgo na roupa, como forma de descarregar a dor e a angústia da perda de uma pessoa próxima.	
Quem está de luto permanece em casa por um período de 7 a 40 dias, sem frequentar lugares públicos. Durante esse tempo, as pessoas se dedicam à oração, consomem alimentos leves e descartam os pertences do falecido.	
A cor roxa simboliza a penitência, a dor e o luto no ritual fúnebre. Sete dias após a morte, é costume rezar uma missa pela alma do falecido.	
As pessoas que acompanham o caixão fazem rápidas paradas antes de chegar ao túmulo. Simbolicamente, essas paradas assinalam a relutância dos familiares em se separar do falecido.	
O rito fúnebre, ou axexê, começa logo após o enterro e dura vários dias.	

AMPLIANDO HORIZONTES

Você já leu alguma obra ou já assistiu a alguma peça de teatro de William Shakespeare (1564-1616)?

As obras desse dramaturgo inglês são clássicos da literatura universal e, cada vez que são lidas, escutadas ou sentidas, nos fazem pensar sobre o sentido da vida.

1 Leia a seguir dois trechos da obra *Hamlet*, de Shakespeare.

> Ser ou não ser – eis a questão.
> Será mais nobre sofrer na alma
> Pedradas e flechadas do destino feroz
> Ou pegar em armas contra o mar de angústias –
> E, combatendo-o, dar-lhe fim? Morrer; dormir;
> Só isso. E com o sono – dizem – extinguir
> Dores do coração e as mil mazelas naturais
> A que carne é sujeita; eis uma consumação
> Ardentemente desejável. Morrer – dormir –
> Dormir! Talvez sonhar. Aí está o obstáculo!
> Os sonhos que hão de vir no sono da morte
> Quando tivermos escapado ao tumulto vital
> Nos obrigam a hesitar: e é essa reflexão
> Que dá à desventura uma vida tão longa.
> Pois quem suportaria o açoite e os insultos do mundo,
> A afronta do opressor, o desdém do orgulhoso,
> As pontadas do amor humilhado, as delongas da lei,
> A prepotência do mando, e o achincalhe
> Que o mérito paciente recebe dos inúteis,
> Podendo, ele próprio, encontrar seu repouso
> Com um simples punhal? Quem aguentaria fardos,
> Gemendo e suando numa vida servil,
> Senão porque o terror de alguma coisa após a morte –
> O país não descoberto, de cujos confins
> Jamais voltou nenhum viajante – nos confunde a vontade,
> Nos faz preferir e suportar os males que já temos,
> A fugirmos pra outros que desconhecemos?
> E assim a reflexão faz todos nós covardes.
> E assim o matiz natural da decisão
> Se transforma no doentio pálido do pensamento.
> E empreitadas de vigor e coragem,
> Refletidas demais, saem de seu caminho,
> Perdem o nome de ação.
>
> William Shakespeare. *Hamlet*. Tradução de Millôr Fernandes. Porto Alegre: L&PM, 1997. p. 63-64.

Mural de William Shakespeare, feito pelo artista James Cochran, em Londres, na Inglaterra. Foto de 2021.

[**AÇOITE:** chicote utilizado para castigar.
DELONGA: atraso, demora.
ACHINCALHE: ato de tratar alguém com desdém; humilhação; rebaixamento.]

Pois veja só que coisa mais insignificante você me considera!

Em mim você quer tocar; pretende conhecer demais os meus registros;

pensa poder dedilhar o coração do meu mistério.

Se acha capaz de me fazer, da nota mais baixa ao topo da escala.

Há muita música, uma voz excelente, neste pequeno instrumento,

e você é incapaz de fazê-lo falar.

Pelo sangue de Cristo!, acha que eu sou mais fácil de tocar do que uma flauta?

Pode me chamar do instrumento que quiser –

pode me dedilhar quanto quiser, que não vai me arrancar o menor som...

William Shakespeare. *Hamlet*. Tradução de Millôr Fernandes. Porto Alegre: L&PM, 1997. p. 79.

a) Agora, sublinhe nos trechos as frases que mais chamaram sua atenção. Alguma delas lhe pareceu emocionante? Converse sobre isso com os colegas e o professor.

b) Como você se sentiu depois de ler esses trechos de *Hamlet*? O que eles dizem a você?

_____

_____

_____

2 Que tal um desafio com a turma? Escolham um texto das obras de Shakespeare para vocês fazerem uma leitura dramatizada (ler um texto, diálogo, história, peça de teatro, etc. em voz alta, usando expressões corporais). Para isso, sigam estas dicas:

- Organizem-se em grupos de até cinco alunos.
- Escolham um espaço na escola (por exemplo, o pátio ou a quadra de esportes) para que cada grupo apresente a sua leitura dramatizada.
- Antes das apresentações, organizem esse espaço para que pareça um cenário de teatro. Recorram a objetos que auxiliem na ambientação da cena.
- No dia combinado com o professor para a realização das leituras, os grupos devem sentar-se em roda para assistir às apresentações dos colegas.
- Criem figurinos com roupas e adereços, de modo a dar maior teatralidade para a leitura dramatizada.
- A fim de garantir que todos escutem a leitura do texto, mantenham uma postura ereta e um tom de voz firme.

3 **SABER SER** Em alguns rituais funerários e homenagens aos entes falecidos, é comum que sejamos convidamos a acompanhar leituras de textos religiosos ou a ouvir memórias que algumas pessoas escolhem compartilhar com os presentes na cerimônia. Você se recorda de algum texto ou de alguma fala que tenha presenciado em rituais funerários dos quais já participou ou assistiu na TV, em séries, desenhos ou filmes? Compartilhe com os colegas e aproveite o momento para escutar com empatia e atenção os relatos da turma.

FIQUE SABENDO!

Fazer uma **leitura dramatizada** significa ler um texto (diálogo, história, peça de teatro, etc.) em voz alta, usando expressões corporais.

4 A DIGNIDADE HUMANA

1 Considerando apenas a imagem, quais sentimentos ela desperta em você?

2 Você sabe quem foi George Floyd? Na sua opinião, por que seu assassinato gerou manifestações como essa?

3 Você acredita que manifestações como essa tenham o poder de transformar a sociedade? Por quê?

4 **SABER SER** Na sua opinião, de que maneiras devemos agir em nosso cotidiano para que todas as pessoas e grupos sociais tenham sua dignidade respeitada?

↓ Manifestantes se ajoelham em um momento de silêncio do lado de fora do Departamento de Polícia de Long Beach, nos Estados Unidos. Os protestantes questionavam a morte de George Floyd durante ação policial. Foto de 2020.

Ashley Landis/AP Photo/Imageplus

PARA COMEÇO DE CONVERSA

A Declaração Universal dos Direitos Humanos é um documento que foi aprovado pela Assembleia Geral da Organização das Nações Unidas (ONU) em 1948, do qual mais de 190 países são signatários atualmente. O documento propõe o combate a todo tipo de discriminação e estabelece normas para garantir a igualdade e a dignidade do ser humano. Leia a seguir o artigo 1 da Declaração.

> Todos os seres humanos nascem livres e iguais em dignidade e direitos. São dotados de razão e consciência e devem agir em relação uns aos outros com espírito de fraternidade.
>
> ONU. Declaração Universal dos Direitos Humanos. Disponível em: https://www.unicef.org/brazil/declaracao-universal-dos-direitos-humanos. Acesso em: 26 abr. 2022.

1. Pesquise como o Brasil trata dos direitos humanos na Constituição de 1988. Depois, converse com o professor e os colegas sobre a importância do respeito à dignidade da pessoa humana.

2. Analise a charge. Depois, relacione-a com o que foi conversado na atividade anterior e registre suas conclusões no caderno.

↑ Charge de Emanoel Amaral.

↑ Johann Gottlieb Becker. Detalhe de *Immanuel Kant*, 1768. Óleo sobre tela.

CURIOSIDADE FILOSÓFICA

Em 1785, o filósofo alemão Immanuel Kant (1724-1804) publicou a obra *Fundamentação da metafísica dos costumes*, que discute a vontade e a moral humanas. Nessa obra, o autor apresenta um princípio objetivo, que ele considera um imperativo prático para a vida humana:

> Age de tal maneira que uses a humanidade, tanto na tua pessoa como na pessoa de qualquer outro, sempre e simultaneamente como fim e nunca simplesmente como meio.
>
> Immanuel Kant. *Fundamentação da metafísica dos costumes*. Lisboa: Edições 70, 2004. p. 69.

- Interprete o texto e discuta com os colegas as questões a seguir.

    a) O que significa usar a humanidade como fim e nunca como meio?

    b) Dê exemplos que representem a afirmação de Kant e as consequências de colocá-la em ação.

POR DENTRO DA HISTÓRIA

Você conhece a história da Declaração Universal dos Direitos Humanos? Sabe o que levou à elaboração desse documento?

← Eleanor Roosevelt (1884-1962), primeira-dama dos Estados Unidos no período de 1933 a 1945, em foto histórica na qual segura a Declaração Universal dos Direitos Humanos. Foto de 1949.

O caminho dos direitos humanos

Em novembro de 2018, foi inaugurado em Brasília, no Distrito Federal, um grande painel de azulejos intitulado *O caminho dos direitos humanos*. Essa obra, elaborada com a participação de alunos de escolas da região, fez parte das comemorações dos 70 anos da Declaração Universal dos Direitos Humanos.

Leia na página seguinte o que diz Michelle Bachelet (1951-), alta-comissária da ONU, em uma entrevista sobre os 70 anos da Declaração Universal dos Direitos Humanos.

← Visitantes observando o painel *O caminho dos direitos humanos*, em Brasília (DF). Foto de 2018.

UNIDADE 4

UN News: Este ano é o aniversário de 70 anos da Declaração Universal dos Direitos Humanos. Quais progressos foram alcançados nos últimos 70 anos?

Michelle Bachelet: Houve muito progresso, mas é difícil de acreditar – cada vez que você liga a televisão, vê coisas horríveis. Isso também é verdade, mas também houve progresso.

Pense em 1948 – quantos países permitiam que as mulheres votassem, por exemplo; quantos respeitavam a liberdade de expressão? Se você pensar nos diferentes aspectos dos direitos humanos, até mesmo nas coisas mais completas que as pessoas normalmente não pensam como direitos humanos, como saúde, educação, saneamento, moradia, o mundo hoje está melhor do que há 70 anos.

Dito isso, há muitas ameaças, há uma série de ameaças para o multilateralismo, há uma série de ameaças e retrocessos em direitos humanos. Costumava ser para todos, direitos humanos universais e os três pilares – Paz e Segurança, Desenvolvimento e Direitos Humanos, e nós vemos um retrocesso.

[...] Em alguns documentos, os direitos humanos não são mencionados, e quando você questiona isso, dizem que "isso já é sabido". Se é sabido, fantástico, porque todos estão fazendo seu trabalho. Mas se é invisível, então não é uma coisa boa. Por outro lado, vemos defensores dos direitos humanos e a sociedade civil tendo seus espaços encolhidos. [...]

Há uma série de desafios. A única coisa que posso dizer é que a luta por direitos humanos provavelmente nunca acabará, porque é um processo onde você avança, mas sempre existirão pessoas que querem retroceder, governos ou grupos armados. A tarefa da ONU é garantir e promover todo o sistema de direitos humanos. [...]

Entrevista: avanço dos direitos humanos é um "processo sem fim", diz Bachelet. Nações Unidas Brasil, 18 out. 2018. Disponível em: https://brasil.un.org/pt-br/81367-entrevista-avanco-dos-direitos-humanos-e-um-processo-sem-fim-diz-bachelet. Acesso em: 26 abr. 2022.

INVESTIGANDO

1 Em grupo com três colegas, faça uma pesquisa para compreender o processo histórico que levou à proposição e à publicação da Declaração Universal dos Direitos Humanos. Registre a seguir as informações obtidas.

2 Converse com a turma sobre as informações pesquisadas. Em seguida, identifique os trinta direitos fundamentais descritos na Declaração Universal dos Direitos Humanos e, em uma folha à parte, crie símbolos de cada um deles.

3 Qual é a sua opinião sobre a resposta de Bachelet aos progressos alcançados por meio da Declaração Universal dos Direitos Humanos nos últimos setenta anos? Converse com os colegas e o professor.

↑ Michelle Bachelet, duas vezes eleita presidente do Chile, primeira-chefe da ONU Mulheres e alta-comissária da ONU para os direitos humanos. Foto de 2019.

EXPERIÊNCIAS RELIGIOSAS

Os cristãos têm como referência de vida o testemunho de Jesus registrado nos Evangelhos. Esse testemunho é a base do cristianismo e serve de orientação aos seus fiéis. Entretanto, a sociedade da época em que Jesus viveu era muito diferente da sociedade atual, o que exige, por parte da Igreja, uma constante atualização da mensagem evangélica, a fim de responder às demandas sociais modernas. Nesse sentido, o magistério da Igreja católica tem papel primordial na produção, publicação e divulgação de ensinamentos relacionados a um conjunto de temas fundamentais para a vida em sociedade.

Ao longo do tempo, a Igreja tem produzido documentos nos quais expõe sua doutrina para o conhecimento dos fiéis. As encíclicas sociais, por exemplo, são cartas dirigidas aos católicos e a todas as pessoas interessadas. Esses textos transmitem ensinamentos e sugerem atitudes a serem tomadas em diversas situações de convívio social.

No que se refere à compreensão da dignidade humana, a *Constituição Pastoral Gaudium et Spes: sobre a Igreja no mundo atual*, documento de 1965, traz uma mensagem essencial. Leia a seguir alguns de seus trechos.

Respeito da pessoa humana

[...] são infames [...] tudo o que viola a integridade da pessoa humana, como as mutilações, os tormentos corporais e mentais e as tentativas para violentar as próprias consciências; tudo quanto ofende a dignidade da pessoa humana, como as [...] prisões arbitrárias, as deportações, a escravidão [...], o comércio de mulheres e jovens; e também as condições degradantes de trabalho; em que os operários são tratados como meros instrumentos de lucro e não como pessoas livres e responsáveis. [...]

Igualdade essencial entre todos os homens

[...] embora entre os homens haja justas diferenças, a igual dignidade pessoal postula, no entanto, que se chegue a condições de vida mais humanas e justas. Com efeito, as excessivas desigualdades econômicas e sociais entre os membros e povos da única família humana provocam o escândalo e são obstáculo à justiça social, à equidade, à dignidade da pessoa humana e, finalmente, à paz social e internacional.

Papa Paulo VI. *Constituição Pastoral Gaudium et Spes*: sobre a Igreja no mundo atual, 7 dez. 1965. Disponível em: https://www.vatican.va/archive/hist_councils/ii_vatican_council/documents/vat-ii_const_19651207_gaudium-et-spes_po.html. Acesso em: 26 abr. 2022.

1 Analise o texto e sublinhe os trechos que, em sua opinião, trazem ideias fundamentais para a dignidade do ser humano.

2 **SABER SER** Converse com o professor e os colegas sobre a questão: Se você tivesse de sintetizar em três palavras o significado do respeito à pessoa humana, quais seriam essas palavras? Registre-as a seguir.

_____

_____

_____

A Doutrina Social da Igreja

O *Compêndio* da *Doutrina Social da Igreja* sintetiza os ensinamentos sociais da Igreja católica, mostrando seu valor como instrumento de evangelização. Em seu capítulo III, que aborda a pessoa e seus respectivos direitos, esse documento discute, em particular, o **respeito pela dignidade** humana. Suas ideias fundamentais são:

[**COMPÊNDIO:** resumo de uma teoria, ciência ou doutrina.]

- Uma sociedade justa pode ser realizada somente no respeito pela dignidade transcendente da pessoa humana. [...]
- Em nenhum caso a pessoa humana pode ser instrumentalizada para fins alheios ao seu mesmo progresso [...].
- A pessoa não pode ser instrumentalizada para projetos de caráter econômico, social e político [...].
- As autênticas transformações sociais são efetivas e duradouras somente se fundadas sobre mudanças decididas da conduta pessoal. [...]

Pontifício Conselho Justiça e Paz. *Compêndio da Doutrina Social da Igreja*, 2004, par. 132-134. Disponível em: http://www.vatican.va/roman_curia/pontifical_councils/justpeace/documents/rc_pc_justpeace_doc_20060526_compendio-dott-soc_po.html#O%20respeito%20da%20dignidade%20humana. Acesso em: 26 abr. 2022.

O compêndio também aborda a **igualdade em dignidade** de todas as pessoas:

- Deus não faz distinção de pessoas [...], pois todos os homens têm a mesma dignidade de criaturas à Sua imagem e semelhança [...].
- Somente o reconhecimento da dignidade humana pode tornar possível o crescimento comum e pessoal de todos [...].
- O "masculino" e o "feminino" diferenciam dois indivíduos de igual dignidade, que porém, não refletem uma igualdade estática, porque o específico feminino é diferente do específico masculino e esta diversidade na igualdade é enriquecedora e indispensável para uma harmoniosa convivência humana [...].
- As pessoas deficientes são sujeitos plenamente humanos, titulares de direitos e deveres [...].
- É necessário promover com medidas eficazes e apropriadas os direitos da pessoa deficiente [...].

Pontifício Conselho Justiça e Paz. *Compêndio da Doutrina Social da Igreja*, 2004, par. 144-146, 148. Disponível em: http://www.vatican.va/roman_curia/pontifical_councils/justpeace/documents/rc_pc_justpeace_doc_20060526_compendio-dott-soc_po.html#O%20respeito%20da%20dignidade%20humana. Acesso em: 26 abr. 2022.

3 Com o professor e os colegas, analise os itens do *Compêndio da Doutrina Social da Igreja* indicados anteriormente e, depois, pesquisem as reflexões atuais que a Igreja católica tem publicado a respeito dessas ideias e conversem sobre elas.

FIQUE LIGADO!

Pontifício Conselho para a Justiça e Paz. *Docat: Como agir? A Doutrina Social da Igreja para jovens*. 2004. Disponível em: https://www.jovensconectados.org.br/docat/ (acesso em: 26 abr. 2022).

A Doutrina Social da Igreja católica foi adaptada para uma linguagem mais próxima dos jovens, para que estes possam ser agentes de evangelização. O livro *Docat* possui 12 capítulos e 328 questões sobre temas como família, paz, política, economia e vida como dom. Como é possível acessá-lo *online*, sua divulgação e amplitude são importantes ferramentas para a disseminação do conteúdo

CONEXÕES

A dignidade humana

Leia a seguir dois artigos da Constituição Federal do Brasil que tratam da dignidade humana:

> Art. 227. É dever da família, da sociedade e do Estado assegurar à criança, ao adolescente e ao jovem, com absoluta prioridade, o direito à vida, à saúde, à alimentação, à educação, ao lazer, à profissionalização, à cultura, à dignidade, ao respeito, à liberdade e à convivência familiar e comunitária, além de colocá-los a salvo de toda forma de negligência, discriminação, exploração, violência, crueldade e opressão.
> [...]
> Art. 230. A família, a sociedade e o Estado têm o dever de amparar as pessoas idosas, assegurando sua participação na comunidade, defendendo sua dignidade e bem-estar e garantindo-lhes o direito à vida.
>
> Brasil. Constituição da República Federativa do Brasil de 1988. Disponível em: http://www.planalto.gov.br/ccivil_03/Constituicao/Constituicao.htm. Acesso em: 26 abr. 2022.

↑ Família Madrigal, personagens centrais da animação *Encanto*. Direção: Byron Howard; Jared Bush. Estados Unidos, 2021 (102 min).

1 Com o professor e os colegas, analise os artigos apresentados e responda:

a) Em sua opinião, os direitos citados são efetivamente garantidos a todas as pessoas em nosso país? Justifique sua resposta.

b) O que significa o dever de assegurar à criança, ao adolescente e ao jovem o direito à dignidade?

c) Qual é a implicação do dever de amparar as pessoas idosas e defender sua dignidade?

SABER SER

Diferentes famílias

Na imagem acima, está representada a família Madrigal, do filme *Encanto*, com toda a diversidade de idades, gêneros, tons de pele e papéis sociais que a constitui.

- Considerando o que você aprendeu sobre a importância da família para a garantia da dignidade humana, quais características, em sua opinião, são essenciais ao núcleo familiar?

2 Agora, você vai incluir seus familiares na discussão sobre dignidade humana. Leia as orientações a seguir.

a) Em casa, converse sobre dignidade humana com as pessoas que moram com você. Conte o que você aprendeu sobre esse princípio fundamental e sobre como ele é apresentado na Constituição brasileira.

b) Juntos, identifiquem duas situações de desrespeito à dignidade humana. Para isso, vocês podem consultar jornais, noticiários, *sites*, redes sociais, etc.

c) Por fim, resuma e descreva nos quadros abaixo as duas situações que vocês identificaram.

Situações de desrespeito à dignidade humana	
Situação 1	
Tema/título:	
Lugar:	Data: / /
Referência da publicação:	
Síntese:	

Situações de desrespeito à dignidade humana	
Situação 2	
Tema/título:	
Lugar:	Data: / /
Referência da publicação:	
Síntese:	

FIQUE SABENDO!

A primeira versão do **Estatuto da Criança e do Adolescente** foi sancionada pela Lei n. 8 069, de 13 de julho 1990. Já o Estatuto do Idoso, muito mais recente, passou a orientar as políticas públicas a partir da sanção da Lei n. 10 741, de 1º de outubro de 2003.

Embora a Constituição Federal de 1988 já garanta proteção e defina direitos e deveres em relação a esses grupos, é importante que seja definido, em leis e estatutos específicos, como isso deve ser garantido, considerando as especificidades de cada grupo.

Além desses estatutos, existem outros: Estatuto da Pessoa com Deficiência; Estatuto da Juventude; Estatuto da Igualdade Racial; Lei de Migração. Você conhece essas legislações? O que sabe sobre elas?

3 Em sala de aula, converse com os colegas e o professor sobre as situações identificadas por você e seus familiares. Em seguida, discuta com a turma as reflexões provocadas pela atividade.

ESPAÇO DE DIÁLOGO

Os budistas celebram o Vesak, festa tradicional que comemora o nascimento, a iluminação e a morte de Sidarta Gautama. Esses acontecimentos da trajetória de Buda coincidem com o período da lua cheia do mês de maio. Por isso, os festejos são realizados anualmente nessa época com meditações, rituais e cerimônias em honra aos momentos mais marcantes da vida de Buda.

Em maio de 2018, os budistas receberam uma mensagem do Conselho Pontifício da Igreja católica para o Diálogo Inter-Religioso com o objetivo de promover, com os cristãos, a dignidade e a igualdade dos direitos de mulheres e de meninas.

1 Com os colegas e o professor, leia um trecho da mensagem do Conselho Pontifício para o Diálogo Inter-Religioso.

Cerimônia de abertura da festa Vesak, em Pathum Thani, na Tailândia. Foto de 2021.

> Os ensinamentos de Jesus e de Buda promovem a dignidade da mulher. Tanto o budismo como o cristianismo ensinam que mulheres e homens têm igual dignidade [...]. As mulheres budistas e as mulheres cristãs têm aportado importantes contribuições às nossas tradições religiosas e à sociedade em geral. No entanto, não se pode negar que frequentemente as mulheres são objeto de discriminação e maus-tratos. Às vezes, se usam relatos religiosos para apresentar a mulher como inferior ao homem.
>
> Atualmente, a violência contra mulheres e meninas é um problema global, que afeta um terço da população mundial feminina, favorecido por situações de conflito, pós-conflito e deslocamento forçado. As mulheres e as meninas são particularmente vulneráveis ao tráfico de pessoas e à escravidão moderna, formas de brutalidade que marcam negativa e muitas vezes irreversivelmente sua saúde. Para contrapor essas injustiças, é vital reconhecer a meninas e mulheres o acesso à educação, à igualdade de salário, aos direitos de herança e à propriedade, ampliando a representatividade na política, no governo e nas decisões [...]. A promoção da igualdade, da dignidade e dos direitos das mulheres também deve se refletir no diálogo inter-religioso, ampliando a participação das mulheres [...].

Consejo Pontificio para el Diálogo Interreligioso. Mensaje para la fiesta de Vesakh 2018. Disponível em: https://www.vatican.va/roman_curia/pontifical_councils/interelg/documents/rc_pc_interelg_doc_20190511_vesakh-2019_sp.html. Acesso em: 26 abr. 2022. (Traduzido pelo autor para fins didáticos.)

2 Agora, discuta com os colegas e o professor o tema do texto e como isso se dá no Brasil e no lugar onde você mora. Por exemplo, como é a participação política das mulheres em seu município?

3 Em grupo com três colegas, faça uma pesquisa sobre mulheres que têm trazido contribuições às tradições religiosas e à sociedade em geral. Depois, organize uma exposição sobre a vida e o protagonismo social dessas mulheres.

Pela convivência comum, a favor da vida

Em fevereiro de 2019, o papa Francisco visitou os Emirados Árabes Unidos e assinou com o xeque Ahmad Al-Tayyeb um documento que promove a fraternidade humana em prol da paz mundial e da convivência comum.

Leia um trecho desse documento.

[**XEQUE:** chefe muçulmano.]

> Em nome de Deus, que criou todos os seres humanos iguais nos direitos, nos deveres e na dignidade e os chamou a conviver entre si como irmãos, a povoar a terra e a espalhar sobre ela os valores do bem, da caridade e da paz.
> [...]
> [...] declaramos – firmemente – que as religiões nunca incitam à guerra e não solicitam sentimentos de ódio, hostilidade, extremismo nem convidam à violência ou ao derramamento de sangue. Estas calamidades são fruto de desvio dos ensinamentos religiosos, do uso político das religiões e também das interpretações de grupos de homens de religião que abusaram – nalgumas fases da história – da influência do sentimento religioso sobre os corações dos homens para os levar à realização daquilo que não tem nada a ver com a verdade da religião, para alcançar fins políticos e econômicos mundanos e míopes. Por isso, pedimos a todos que cessem de instrumentalizar as religiões para incitar ao ódio, à violência, ao extremismo e ao fanatismo cego e deixem de usar o nome de Deus para justificar atos de homicídio, de exílio, de terrorismo e de opressão. Pedimo-lo pela nossa fé comum em Deus, que não criou os homens para ser assassinados ou lutar uns com os outros, nem para ser torturados ou humilhados na sua vida e na sua existência. Com efeito Deus, o Todo-Poderoso, não precisa de ser defendido por ninguém e não quer que o Seu nome seja usado para aterrorizar as pessoas.

Viagem apostólica do papa Francisco aos Emirados Árabes Unidos. Disponível em: https://www.vatican.va/content/francesco/pt/travels/2019/outside/documents/papa-francesco_20190204_documento-fratellanza-umana.html. Acesso em: 28 abr. 2022.

↑ Papa Francisco é recepcionado pelo xeque Mohammed bin Rashid Al-Maktoum e pelo Príncipe de Abu Dabhi Zayed al-Nahyan, em Abu Dabhi, nos Emirados Árabes Unidos. Foto de 2019.

4. Converse com os colegas e o professor sobre a atualidade da mensagem do papa, corroborada e assinada pelo xeque Ahmad Al-Tayyeb.

5. Faça uma pesquisa na internet sobre a necessidade de fraternidade humana em favor da paz e da convivência respeitosa entre os povos.

6. Com base no que a turma pesquisou, organize coletivamente um painel com uma mensagem que incentive reflexões sobre respeitar e defender a vida.

ATITUDES DE PAZ

Ao longo desta unidade, vimos que o respeito à dignidade humana é indissociável do princípio da justiça social, isto é, do bem comum.

1 Leia, a seguir, o trecho da encíclica *Laudato Si'*, elaborada pelo papa Francisco.

[...] Nas condições atuais da sociedade mundial, onde há tantas desigualdades e são cada vez mais numerosas as pessoas descartadas, privadas dos direitos humanos fundamentais, o princípio do bem comum torna-se imediatamente, como consequência lógica e inevitável, um apelo à solidariedade e uma opção preferencial pelos mais pobres. Esta opção implica tirar as consequências do destino comum dos bens da terra, mas [...] exige acima de tudo contemplar a imensa dignidade do pobre à luz das mais profundas convicções de fé. Basta observar a realidade para compreender que, hoje, esta opção é uma exigência ética fundamental para a efetiva realização do bem comum.

Papa Francisco. *Laudato Si'*, 24 maio 2015. Disponível em: https://www.vatican.va/content/francesco/pt/encyclicals/documents/papa-francesco_20150524_enciclica-laudato-si.html. Acesso em: 28 abr. 2022.

↑ Papa Francisco durante a missa da véspera de Natal na Basílica de São Pedro, no Vaticano. Foto de 2021.

- Agora, sublinhe os trechos que você julga conter as ideias principais do texto.

2 Veja o que o papa Francisco afirmou sobre a dignidade da vida humana:

"[...] onde a vida não vale por sua dignidade, mas por sua eficiência e produtividade, tudo se torna possível. [...] a vida humana [...] possui uma dignidade [...] intangível [...]."

Papa: vida humana possui uma dignidade intangível. *Vatican News*, 26 jan. 2018. Disponível em: https://www.vaticannews.va/pt/papa/news/2018-01/papa--vida-humana-possui-uma-dignidade-intangivel-.html. Acesso em: 28 abr. 2022.

[**INTANGÍVEL:** intocável, inviolável.]

- Como você compreendeu a mensagem? Reescreva-a, nas linhas abaixo, com suas palavras, como se estivesse reproduzindo a fala do Papa Francisco. Em seguida, troque de livro com um colega, peça que ele leia a sua mensagem e faça o mesmo com a dele. Se necessário, corrija sua mensagem e/ou proponha correções à mensagem escrita pelo colega.

_____
_____
_____
_____

3 Pesquise uma frase de outro líder religioso que expresse uma mensagem em prol do bem comum e registre-a abaixo. Identifique o nome do líder e a religião que ele representa. A seguir, compartilhe com os colegas e o professor a frase do líder religioso que você pesquisou.

_____
_____
_____

UNIDADE 4

Trocando ideias, descobrindo palavras

Nesta unidade, você realizou várias atividades nas quais destacou ou sublinhou trechos importantes. Na seção **Experiências religiosas**, por exemplo, em que estudou a abordagem do tema da dignidade humana nos documentos sociais da Igreja católica, você deve ter destacado muitos trechos. Agora, que tal unir seus conhecimentos e criar uma brincadeira com um colega para relacionar o que aprendeu?

4 Pense em 14 conceitos que foram estudados nesta unidade e sintetize-os em respectivas 14 palavras. Depois, elabore um diagrama incluindo as palavras que você listou. Para que a atividade fique mais interessante, lembre-se de registrar as palavras de modo que fiquem entre letras aleatórias.

5 Uma vez que o diagrama esteja pronto, troque de livro com um colega e tente resolver a atividade criada por ele enquanto ele resolve a que você elaborou.

6 Peça ao colega que anote na tabela abaixo as palavras que encontrar. Em seguida, discutam os conceitos que cada um incluiu em seu diagrama.

1.	8.
2.	9.
3.	10.
4.	11.
5.	12.
6.	13.
7.	14.

AMPLIANDO HORIZONTES

Depois de ter conversado e refletido bastante sobre o tema da dignidade humana, vamos propor uma atividade de reflexão orientada pela análise de tiras.

ARTIGO I — TODAS AS PESSOAS NASCEM LIVRES E IGUAIS EM DIGNIDADE E DIREITOS.

SÃO DOTADAS DE RAZÃO E CONSCIÊNCIA...

...E DEVEM AGIR EM RELAÇÃO UMAS ÀS OUTRAS COM ESPÍRITO DE FRATERNIDADE.

NOSSOS DIREITOS ESTÃO ESCRITOS NA CONSTITUIÇÃO.

MAS SE NA TEORIA TODOS SOMOS IGUAIS PERANTE A LEI...

...MUITO FALTA CONQUISTAR NA PRÁTICA!

TEMOS LIBERDADE, DIREITOS E DEVERES... ...OS OUTROS TAMBÉM!

E COMO SABER ONDE ESTÃO OS LIMITES?

A EDUCAÇÃO NOS MOSTRA!

↑ Tiras do cartunista Alexandre Beck, criador da personagem Armandinho.

1 Após, observar e analisar as tiras, escreva um parágrafo que relacione as mensagens contidas nas três imagens.

_____
_____
_____
_____
_____

2 **SABER SER** Motivado pelas tiras e pelos conteúdos trabalhados na unidade, na sua opinião, qual é a importância da educação e da escola para a consolidação da igualdade e da dignidade humana?

3 Leia um trecho da fábula "O gato vaidoso", de Monteiro Lobato. Depois, faça o que se pede.

O gato vaidoso

Moravam na mesma casa dois gatos iguaizinhos no pelo mas desiguais na sorte. Um, amimado pela dona, dormia em almofadões. Outro, no borralho. Um passava a leite e comia em colo. O outro por feliz se dava com as espinhas de peixe do lixo.

Certa vez cruzaram-se no telhado e o bichano de luxo arrepiou-se todo, dizendo:

– Passa de largo, vagabundo! Não vês que és pobre e eu rico? Que és gato de cozinha e eu de salão? Respeita-me, pois, e passa de largo...

– Alto lá, senhor orgulhoso! Lembra-te que somos irmãos, criados no mesmo ninho.

– Sou nobre! Sou mais que tu!

– Em quê? Não mias como eu?

– Mio.

– Não tens rabo como eu?

– Tenho.

– Não caças ratos como eu?

– Caço.

– Não comes ratos como eu?

– Como.

– Logo, não passas dum simples gato igual a mim. Abaixa, pois, a crista desse orgulho idiota e lembra-te que mais nobreza do que eu não tens, o que tens é apenas um bocado mais de sorte...

Monteiro Lobato. *Fábulas*. São Paulo: Universo dos Livros, 2010. p. 140-141.

a) Após a leitura, converse com os colegas e o professor sobre o que mais chamou a sua atenção nessa fábula.

b) Qual é a relação entre a moral expressa na fábula e as temáticas abordadas na unidade? Escolha trechos do texto de Monteiro Lobato para ilustrar sua resposta. Faça o registro no caderno.

4 Escolha um dos conceitos utilizados na construção do diagrama na atividade da página 65 e crie uma fábula de até 15 linhas no caderno.

5 Com os colegas e o professor, marque uma data para que todos possam ler e comentar os textos da turma. Vocês também podem estudar a possibilidade de ilustrar as fábulas e expor os trabalhos na escola.

PROJETO CIDADANIA

PARTIDA > REALIDADE > **AÇÃO** > CHEGADA

MOBILIZAR ATITUDES DE EMPATIA

Na etapa anterior, refletimos sobre como muitas coisas ou situações ficam visíveis quando temos uma relação concreta com elas, ou com os lugares. O desafio é construir esses territórios de afetos, conhecer nosso entorno e as pessoas que por ali circulam.

Como motivação para a proposta da terceira etapa, convidamos você a ler o fragmento do texto de Auro Lescher indicado a seguir.

> Onde há troca, também há reconhecimento de que de certo modo pertencemos a quem está diante de nós e quem está diante de nós também nos pertence. Ter consciência de minha humanidade consiste em dar-me conta de que, apesar de todas as diferenças muito reais entre os indivíduos, também estou de certo modo dentro de cada um de meus semelhantes.
>
> Auro Lescher. Eu outro. Em: *A importância da empatia na educação*. Rio de Janeiro: Instituto Alana; São Paulo: Ashoka. p. 70. Disponível em: https://sinapse.gife.org.br/download/a-importancia-da-empatia-na-educacao. Acesso em: 10 maio 2022.

Definindo juntos uma campanha sobre empatia social na comunidade

Orientem-se pelos passos a seguir e organizem a proposta de ação.

1º PASSO: Definam dois objetivos específicos para uma campanha, partindo do objetivo geral de mobilizar atitudes de empatia.

- Objetivo 1

_____
_____

- Objetivo 2

_____
_____

PARA REFLETIR

1. Como você interpreta a citação do autor e qual frase chama mais a sua atenção? Por quê? Registre suas considerações no caderno e converse sobre elas com os colegas e o professor.

2. Retomem juntos os registros realizados nas etapas anteriores deste projeto, especialmente o resultado do mapa dos "outros", e os relacionem com o trecho de Lescher.

2º PASSO: Definam as características gerais da campanha:

Público ao qual a campanha será direcionada:

Modalidade da campanha:

Duração da campanha:

Título da campanha:

Elementos-chave para a identidade visual da campanha:

Metas que gostariam de alcançar com a campanha:

Outras considerações importantes:

3º PASSO: Organizem-se em grupos, formando equipes, listem e distribuam as funções entre elas para efetivar a campanha. Exemplo:

Equipe de desenvolvimento gráfico
- Criar logo ou selo para a campanha.
- Criar modelos com esse logo ou selo para serem utilizados nos diferentes materiais da campanha.

Equipe de produção de conteúdo
- Pesquisar conteúdos e sintetizar as ideias--chave para a equipe de produção de material.
- Sugerir maneiras de como essas ideias podem ser aplicadas e/ou organizadas nos materiais a serem divulgados.

Equipe de produção de material
- Produzir diferentes materiais com base nas ideias entregues pela equipe de produção de conteúdo.
- Envolver os outros grupos na validação dos materiais, acolher sugestões e produzir as versões finais dos materiais a serem divulgados.

Equipe de comunicação
- Elaborar um plano de comunicação para divulgação dos materiais.
- Postar as criações entregues pela equipe de produção de material na plataforma ou em canais de realização da campanha.

Toda a proposta da campanha pode ser adequada conforme a realidade da escola e da comunidade. Por isso, é muito importante avaliarem com o professor todas as possibilidades e limites que precisam ser considerados para garantir o melhor resultado.

5 PROJETO DE VIDA EM COMUM

1. Você sabe como funciona uma bateria de escola de samba?

2. Para que o som da bateria seja harmônico, qual é a importância de cada percussionista?

3. Em sua opinião, seria possível estabelecer uma metáfora entre a estrutura da bateria da escola de samba e o funcionamento da sociedade? Explique.

4. **SABER SER** Em sua opinião, as decisões individuais, motivadas por um sentimento de pertença e engajamento, podem impactar a vida de outras pessoas? Responda considerando o título dessa unidade.

← Comissão de frente da escola de samba Grande Rio, em desfile de Carnaval no Rio de Janeiro (RJ). Na imagem, o ator representa Exu, um orixá presente no Candomblé e na Umbanda. Foto de 2022.

PARA COMEÇO DE CONVERSA

Todo mundo quer ser feliz, mas você já se perguntou como encontrar a felicidade? Já conversou com amigos sobre seus projetos de vida e sobre como espera alcançar seus objetivos? Quando você pensa em seu contexto atual e no futuro, seus projetos incluem objetivos ligados ao bem comum? Pensar nos outros faz parte da sua noção de felicidade?

- Observe a tira e, depois, responda às questões.

↑ Tira de Snoopy, de Charles Schulz, 1961.

Quadrinhos:
1. MINHA VIDA VIROU UM TÉDIO...
2. É TUDO SEMPRE A MESMA COISA, TODO SANTO DIA...
3. EU PRECISO DE UMA MUDANÇA!
4. (sem texto)

a) Você já se sentiu como a personagem da tira? O que fez para mudar?
b) O que você gostaria de mudar em sua vida? Por quê?

CURIOSIDADE FILOSÓFICA

Para o pensador grego Epicuro (341 a.C.-271 a.C.), o propósito da filosofia é atingir a felicidade. Para ele, a felicidade humana vem da satisfação de desejos, tais como encontrar os amigos quando nos sentimos sozinhos ou comer quando temos fome. Segundo o epicurismo, o prazer humano pode resultar da prática da virtude, um bem superior. Em sua *Carta sobre a felicidade a Meneceu*, Epicuro escreve:

> De todas essas coisas, a prudência é o princípio e o supremo bem, razão pela qual ela é mais preciosa do que a própria filosofia; é dela que originaram todas as demais virtudes; é ela que nos ensina que não existe vida feliz sem prudência, beleza e justiça, e que não existem prudência, beleza e justiça sem felicidade. Porque as virtudes estão intimamente ligadas à felicidade, e a felicidade é inseparável delas.
>
> Epicuro. *Carta sobre a Felicidade (a Meneceu)*. Tradução: Álvaro Lorencini e Enzo Del Carratore. São Paulo: Ed. da Unesp, 2002. p. 45-46.

Busto de Epicuro. →

- Após a leitura do texto, responda no caderno às questões e, depois, compartilhe suas ideias com os colegas e o professor.

a) Como você compreende o seguinte trecho do texto: "Porque as virtudes estão intimamente ligadas à felicidade, e a felicidade é inseparável delas."? Você concorda com a afirmação? Dê um exemplo para justificar seu argumento.

b) O que é prudência? Pesquise o significado dessa palavra no dicionário e relacione com o uso da palavra no texto de Epicuro.

POR DENTRO DA HISTÓRIA

Para viver em sociedade, precisamos agir de acordo com alguns princípios e valores. O humanismo, por exemplo, é um posicionamento filosófico e ético que enfatiza o valor e a ação do ser humano, tanto no âmbito pessoal quanto no coletivo. Em sua *Carta sobre o humanismo*, o filósofo alemão Martin Heidegger (1889-1976) afirma:

> [...] humanismo é isto: meditar e cuidar para que o homem seja humano e não desumano, inumano, isto é, situado fora da sua essência.
>
> Martin Heidegger. *Carta sobre o humanismo*. São Paulo: Centauro, 2005. p. 17.

O entendimento do humanismo varia de acordo com os movimentos intelectuais que se identificam com essa corrente filosófica. O humanismo cristão, por exemplo, afirma a centralidade do ser humano, criado por Deus e aberto ao transcendente. Esse movimento defende como imprescindível o reconhecimento da liberdade pessoal, sendo esta indissociável da dignidade humana. Também reconhece a igualdade de direitos de todos os seres humanos e sustenta que, na ordem social, é preciso buscar a justiça, com base no princípio da **solidariedade**.

Humanismo solidário

Em 2017, a Igreja católica lançou o documento *Educar ao humanismo solidário*, que comemora os 50 anos da encíclica *Populorum progressio*. Destinado a contribuir para a **civilização do amor**, o documento propõe **humanizar a educação** de modo a torná-la um processo em que cada pessoa possa desenvolver suas próprias atitudes e aprimorar sua vivência em comunidade.

O humanismo solidário mostra que fazemos parte de uma comunidade viva, interdependente e vinculada a um destino comum. Nesse sentido, a educação humanizada tem potencial para gerar solidariedade, partilha e comunhão entre a comunidade. Com base nesse pressuposto, o documento propõe quatro linhas fundamentais, conforme mostra o esquema a seguir.

SABER SER

Entre os séculos XIV e XVI, na Europa, o Humanismo reorientou a forma de pensar o ser humano e a sua relação com mundo.

O historiador brasileiro Nicolau Sevcenko explica que essa mudança condensou uma forma de pensar voltada ao presente e ao mundo concreto, no qual o ser humano encontra-se em constante luta contra si mesmo e para controlar a natureza. Assim, ganha centralidade a compreensão antropocêntrica que valoriza o humano em todas as suas potencialidades racionais e criativas.

Nas artes e na ciência, Leonardo da Vinci (1452-1519) ganhou destaque nessa perspectiva humanista. Uma de suas obras mais relevantes sobre o tema é conhecida como o *Homem Vitruviano*. Pesquise essa obra e responda:

- Como podemos compreender e aplicar os valores do Humanismo com base nessa obra de Leonardo da Vinci?

↑ Leonardo da Vinci. *Homem Vitruviano*, 1490. Lápis e tinta sobre papel.

[...] As redes de cooperação deverão ser instituídas entre sujeitos educativos e sujeitos de outro âmbito, por exemplo do mundo das profissões, das artes, do comércio, das empresas e de todos os corpos intermediários da sociedade nos quais o humanismo solidário precisa propagar-se.

Redes de cooperação

A cultura do diálogo

Educar ao humanismo solidário

Globalizar a esperança

Verdadeira inclusão

É característico da natureza da educação a capacidade de construir as bases para um diálogo pacífico e permitir o encontro entre as diversidades com o objetivo principal de edificar um mundo melhor. Trata-se, em primeiro lugar, de um processo educativo no qual a busca por uma convivência pacífica e enriquecedora enraíza-se no mais amplo conceito de ser humano [...] segundo uma concepção de desenvolvimento integral e transcendente da pessoa e da sociedade.

[...] Uma missão que se realiza por meio da construção de relações educativas e pedagógicas que formem para o amor cristão, que criem grupos assentes na solidariedade, nas quais o bem comum esteja associado virtuosamente ao bem de cada um dos seus membros [...].

[...] Os cidadãos de hoje, de fato, devem ser solidários com os seus contemporâneos onde quer que estejam, mas também com os futuros cidadãos do planeta. [...]
Para que haja uma verdadeira inclusão, é preciso dar outro passo entrando numa relação de solidariedade com as gerações que nos antecederam. [...]

Fonte de pesquisa: Cardeal Giuseppe Versaldi. Educar ao humanismo solidário, 16 abr. 2017. Para construir uma "civilização do amor" 50 anos após a *Populorum progressio*. Disponível em: https://www.vatican.va/roman_curia/congregations/ccatheduc/documents/rc_con_ccatheduc_doc_20170416_educare-umanesimo-solidale_po.html. Acesso em: 2 maio 2022.

[**ASSENTE:** apoiado; firmado.]

INVESTIGANDO

1 Um dos principais documentos sociais da Igreja católica é a encíclica *Populorum progressio* (ou O desenvolvimento dos povos), publicada em 1967 pelo papa Paulo VI. Escrita em um contexto de crescimento da desigualdade econômica e social entre os países, a encíclica enfatiza a necessidade do desenvolvimento solidário. Leia um trecho desse documento e, com base nele, converse com os colegas e o professor sobre as questões a seguir.

O desenvolvimento integral do homem não pode realizar-se sem o desenvolvimento solidário da humanidade. [...]
[...]
Entre as civilizações, como entre as pessoas, o diálogo sincero torna-se criador de fraternidade. A busca do desenvolvimento há de aproximar os povos nas realizações, fruto de esforço comum, se todos, desde os governos e seus representantes até o mais humilde dos técnicos, estiverem animados de amor fraterno e movidos pelo desejo sincero de construir uma civilização de solidariedade mundial. [...]

Papa Paulo VI. *Populorum progressio*, 26 mar. 1967. Disponível em: https://www.vatican.va/content/paul-vi/pt/encyclicals/documents/hf_p-vi_enc_26031967_populorum.html. Acesso em: 2 maio 2022.

a) Você considera possível o desenvolvimento solidário da humanidade? Por quê?

b) Quais ações você considera que podem ser tomadas para promover uma sociedade mais justa, fraterna e solidária?

2 Das quatro linhas fundamentais do documento *Educar ao humanismo solidário*, qual você considerou mais importante?

EXPERIÊNCIAS RELIGIOSAS

Quantas vezes você já viu e/ou ouviu notícias, filmes, palestras, livros, espetáculos que alertam sobre a necessidade de mudarmos alguns hábitos com o objetivo de proteger o ambiente e os bens naturais?

Na encíclica *Laudato Si'* não é diferente, pois seu texto faz um apelo ao constatar que a humanidade precisa mudar. Segundo esse documento, falta à humanidade a consciência de uma origem comum, de uma noção recíproca de pertencimento e da ideia de um futuro partilhado por todos.

A solução pode parecer simples: precisamos desenvolver novas convicções, novas atitudes e novos estilos de vida, mas, no dia a dia, esse é um grande desafio. Como você percebe isso em seu cotidiano e em sua vida familiar?

1 Leia um trecho da encíclica *Laudato Si'* e, em seguida, responda às questões.

> A consciência da gravidade da crise cultural e ecológica precisa de traduzir-se em novos hábitos. Muitos estão cientes de que não bastam o progresso atual e a mera acumulação de objetos ou prazeres para dar sentido e alegria ao coração humano, mas não se sentem capazes de renunciar àquilo que o mercado lhes oferece. Nos países que deveriam realizar as maiores mudanças nos hábitos de consumo, os jovens têm uma nova sensibilidade ecológica e um espírito generoso, e alguns deles lutam admiravelmente pela defesa do meio ambiente, mas cresceram num contexto de altíssimo consumo e bem-estar que torna difícil a maturação doutros hábitos. Por isso, estamos perante um desafio educativo.

Papa Francisco. *Laudato Si'*, 24 maio 2015. Disponível em: https://www.vatican.va/content/francesco/pt/encyclicals/documents/papa-francesco_20150524_enciclica-laudato-si.html. Acesso em: 2 maio 2022.

a) Das ideias apresentadas no texto, sublinhe aquela que mais chamou sua atenção e converse sobre ela com os colegas e o professor.

b) Você se considera uma pessoa que tem "nova sensibilidade ecológica e um espírito generoso", como diz o texto? Por quê? Justifique sua resposta.

_____
_____
_____
_____

c) Em uma escala de 0 a 5, que nota você atribui à sua sensibilização ecológica e ao seu espírito generoso? Circule a sua resposta na imagem abaixo e compartilhe-a com os colegas.

2 Observe o esquema a seguir, que apresenta os níveis de equilíbrio ecológico, e leia outro trecho da encíclica *Laudato Si'*. Depois, responda às questões.

A educação ambiental tem vindo a ampliar os seus objetivos. Se, no começo, estava muito centrada na informação científica e na consciencialização e prevenção dos riscos ambientais, agora tende a incluir uma crítica dos "mitos" da modernidade baseados na razão instrumental (individualismo, progresso ilimitado, concorrência, consumismo, mercado sem regras) e tende também a recuperar os distintos níveis de equilíbrio ecológico: o interior consigo mesmo, o solidário com os outros, o natural com todos os seres vivos, o espiritual com Deus. [...]

Papa Francisco. *Laudato Si'*, 24 maio 2015. Disponível em: https://www.vatican.va/content/francesco/pt/encyclicals/documents/papa-francesco_20150524_enciclica-laudato-si.html. Acesso em: 2 maio 2022.

- O espiritual com Deus
- O solidário com os outros
- O interior consigo mesmo
- O natural com todos os seres vivos

a) Converse com os colegas e o professor sobre cada um dos níveis de equilíbrio ecológico, exemplificando-os.

b) Em sua trajetória escolar, houve experiências de educação ambiental que o ajudaram a alcançar esse equilíbrio ecológico mencionado no texto? Em caso positivo, cite exemplos.

3 Leia mais um trecho da encíclica *Laudato Si'* e, em seguida, faça o que se pede.

Às vezes, porém, esta educação, chamada a criar uma "cidadania ecológica", limita-se a informar e não consegue fazer maturar hábitos. A existência de leis e normas não é suficiente, a longo prazo, para limitar os maus comportamentos, mesmo que haja um válido controle. Para a norma jurídica produzir efeitos importantes e duradouros, é preciso que a maior parte dos membros da sociedade a tenha acolhido, com base em motivações adequadas, e reaja com uma transformação pessoal. A doação de si mesmo num compromisso ecológico só é possível a partir do cultivo de virtudes sólidas. Se uma pessoa habitualmente se resguarda um pouco mais em vez de ligar o aquecimento, embora as suas economias lhe permitam consumir e gastar mais, isso supõe que adquiriu convicções e modos de sentir favoráveis ao cuidado do ambiente. É muito nobre assumir o dever de cuidar da criação com pequenas ações diárias, e é maravilhoso que a educação seja capaz de motivar para elas até dar forma a um estilo de vida. A educação na responsabilidade ambiental pode incentivar vários comportamentos que têm incidência direta e importante no cuidado do meio ambiente, tais como evitar o uso de plástico e papel, reduzir o consumo de água, diferenciar o lixo, cozinhar apenas aquilo que razoavelmente se poderá comer, tratar com desvelo os outros seres vivos, servir-se dos transportes públicos ou partilhar o mesmo veículo com várias pessoas, plantar árvores, apagar as luzes desnecessárias... [...]

Papa Francisco. *Laudato Si'*, 24 maio 2015. Disponível em: https://www.vatican.va/content/francesco/pt/encyclicals/documents/papa-francesco_20150524_enciclica-laudato-si.html. Acesso em: 2 maio 2022.

- Com base no texto acima, reflita e comente com os colegas e o professor se você e sua família evitam o uso desnecessário de papel, fazem uso moderado da água, separam o lixo, cozinham apenas o que comem, evitando o desperdício, tratam bem os outros seres vivos, priorizam o uso de transporte público, economizam luz, entre outros comportamentos de cuidado ao ambiente.

[**DESVELO:** cuidado; zelo.]

FIQUE LIGADO!

O verdadeiro custo. Direção: Andrew Morgan. Estados Unidos, 2015 (92 min).
O documentário retrata o contexto da moda e da produção têxtil e toda a cadeia produtiva envolvida no setor, problematizando os motivos que nos levam a comprar roupas.
Com base na reflexão impulsionada pelo filme, é possível discutir o consumo em uma perspectiva dos impactos ambientais e sociais da moda, atrelada a contextos de precarização das relações de trabalho e da geração de resíduos têxteis.

CONEXÕES

No início desta unidade, refletimos sobre a necessidade de uma ação conjunta em prol do bem comum e vimos que a felicidade está relacionada às nossas virtudes.

O Dalai-lama (1935-), líder religioso do budismo tibetano, escreveu o livro *A arte da felicidade: um manual para a vida*, que traz a seguinte mensagem:

> Para mim o próprio objetivo da vida é perseguir a felicidade. Isso está claro. Se acreditamos em religião, ou não; se acreditamos nesta religião ou naquela; todos estamos procurando algo melhor na vida. Por isso, para mim, o próprio movimento da nossa vida é no sentido da felicidade...
>
> Dalai-lama e Howard C. Cutler. *A arte da felicidade*: um manual para a vida. Tradução de Waldéa Barcellos. São Paulo: Martins Fontes, 2000. p. 16.

↑ Tenzin Gyatso, o Dalai-lama, no Templo *Tsug La Khang* em Dharamshala, na Índia. Foto de 2019.

Na virada do milênio, esse mestre do budismo tibetano apresentou reflexões sobre a felicidade. Leia a seguir algumas delas.

[...]
2. Quando você perder, não deixe de tirar uma lição da experiência.
3. Siga os três Rs: Respeito por si próprio, respeito pelos outros, responsabilidade por todas as suas ações.
4. Lembre-se [de] que não conseguir o que você quer é algumas vezes um lance de sorte.

[...]
6. Não deixe uma pequena disputa ferir uma grande amizade.
7. Quando você perceber que cometeu um erro, tome providências imediatas para corrigi-lo.

[...]
9. Abra seus braços para mudanças, mas não abra mão de seus valores.
10. Lembre-se [de] que o silêncio às vezes é a melhor resposta.
11. Viva uma vida honrada. Então, quando você ficar mais velho e pensar no passado, você vai ser capaz de apreciá-lo uma segunda vez.
12. Uma atmosfera de amor em sua casa é o fundamento para sua vida.
13. Em discordâncias com entes queridos, trate apenas da situação atual. Não fale do passado.
14. Compartilhe o seu conhecimento. É uma maneira de alcançar a imortalidade.
15. Seja gentil com a Terra.

[...]
18. Julgue seu sucesso pelo que você teve que renunciar para conseguí-lo.

[...]
20. Se você quer ver a si mesmo e o outro feliz, pratique a compaixão.

A arte da felicidade. Dicas do Dalai-lama para o bem viver. *Geledés*, 7 set. 2015. Disponível em: https://www.geledes.org.br/a-arte-da-felicidade-dicas-do-dalai-lama-para-o-bem-viver/. Acesso em: 3 maio 2022.

↑ Estudantes plantam árvores durante aula de práticas agrícolas na Escola Estadual Quilombola Professora Tereza Conceição de Arruda, no Quilombo Mata Cavalo, em Nossa Senhora do Livramento (MT). Foto de 2020.

1 Com relação às reflexões do Dalai-lama sobre a felicidade, sublinhe aquelas com as quais você mais se identificou. Depois, converse com os colegas e o professor sobre essas reflexões e sobre o que é felicidade para você.

2 **SABER SER** Circule no texto as reflexões nas quais o sentido da felicidade se refere à nossa relação com o outro. Com base nas frases circuladas, responda:

a) Você acredita que nossa felicidade depende da relação que temos com os outros? Por quê?

_____
_____

b) É possível ser feliz sozinho?

_____
_____
_____
_____

3 Leia um trecho do artigo "A felicidade escondida nas bem-aventuranças", publicado na revista *Ihu on-line*.

"**Ser feliz**": não há outra meta mais importante na vida de todos nós. De fato, é tão importante que se converteu em um desejo que repetimos de maneira muito frequente e, de forma especial, para as pessoas que mais amamos. [...]

A impressão que temos é que a vivência de muitos cristãos está longe de apresentar [...] Deus como amigo da felicidade humana, fonte de vida, alegria, saúde; na experiência de fé de muitas pessoas, o seguimento de Jesus, muitas vezes, não se associa com a ideia de "**felicidade**".

Predomina, em certos ambientes ou grupos cristãos, uma doutrina dolorida e uma catequese afastada da busca humana da felicidade. O cristianismo se apresentou, durante muito tempo, como a religião da cruz, da dor, do sofrimento, da renúncia, da repressão ao prazer e à felicidade neste mundo.

Diante de tal situação, Jesus, no Evangelho de hoje, afirma categoricamente: "*Felizes sois vós!*"

Jesus [...] promulga seu programa "com" vida, fundado não numa ética de "deveres e obrigações", mas numa ética de "felicidade e ventura". [...]

O Evangelho, a "boa notícia", é o tesouro que enche o ser humano de uma felicidade indescritível. Com efeito, a primeira característica que aparece nas bem-aventuranças é que o programa de Jesus para os seus é um "programa de felicidade".

[...]

As bem-aventuranças substituem os **mandamentos** que proíbem por um anúncio que atrai para a felicidade. E a promessa de felicidade não é para depois da morte. Jesus fala da felicidade nesta vida. [...]

As bem-aventuranças são o caminho da felicidade.

Adroaldo Palaoro. A felicidade escondida nas bem-aventuranças, Revista *Ihu on-line*, 15 fev. 2019. Disponível em: https://www.ihu.unisinos.br/42-noticias/comentario-do-evangelho/586687-a-felicidadeescondida-nas-bem-aventurancas. Acesso em: 3 maio 2022.

a) Com o professor e os colegas, analise o texto e converse sobre as ideias nele apresentadas.

b) Em seguida, pesquise o trecho bíblico que trata das bem-aventuranças (Mateus 5: 1-11) e busque relacioná-lo ao "programa de felicidade" ao qual o texto acima se refere.

ESPAÇO DE DIÁLOGO

Você já pensou sobre como as religiões são vistas no mundo contemporâneo? É possível que você já saiba que a organização social interfere no modo de vida das pessoas e no modo como elas se relacionam com a religião.

Ao longo do tempo, muitos setores da sociedade se distanciaram da vivência religiosa, buscando outros modos de interpretar a vida e de dar sentido a ela. Esse processo é chamado de secularização da sociedade, isto é, uma sociedade antes identificada com valores e instituições religiosas se afasta gradualmente desses valores, substituindo-os por princípios não religiosos.

Nesse processo, a religião perde sua relevância, autoridade e influência na sociedade, limitando-se praticamente à vida de cada um.

Além disso, o pluralismo da sociedade atual favorece muitas possibilidades e discursos sobre o sentido da vida e a busca da felicidade. Essas múltiplas opções geram os mais diversos posicionamentos com relação à religião: incredulidade, indiferença, adesão a novos movimentos e até mesmo condutas fundamentalistas, tanto por parte da ciência quanto de grupos religiosos.

O modo de se relacionar com Deus e a maneira de vivenciar a espiritualidade são condutas pessoais, orientadas, em grande parte, pelo contexto social e que devem ser respeitadas. Isso é sustentado pelo fato de a liberdade religiosa ou de crença ser um dos direitos humanos fundamentais. Vamos conhecer melhor esse assunto?

FUNDAMENTALISTA: termo que se refere a correntes ou movimentos conservadores que pregam a obediência rigorosa a um conjunto de valores, sejam ou não religiosos.
PLURALISMO: conceito associado à coexistência de fatores, opiniões, visões e pensamentos muito diferentes uns dos outros.

1 No Censo Demográfico de 2010, realizado pelo Instituto Brasileiro de Geografia e Estatística (IBGE), foi perguntada a religião dos entrevistados. De acordo com informações do instituto, constavam, entre as opções de resposta: sem religião, agnóstico, ateu, não determinada e múltiplo pertencimento. Com os colegas e o professor, faça uma pesquisa e defina, no caderno, cada uma dessas categorias.

FIQUE SABENDO!

Não podemos afirmar que apenas as sociedades se distanciaram da vivência religiosa, pois também o Estado, que representa a maior instituição política, passou por esse processo. A **laicidade**, característica comum a muitos países na atualidade, como é o caso do Brasil, garante a separação entre o Estado e as religiões, não permitindo que dogmas e pressões religiosas determinem decisões legislativas e governamentais. Além disso, o Estado laico deve tratar de maneira igual todos os seus cidadãos, independentemente das características religiosas, bem como deve proteger a manifestação de toda e qualquer fé.

2 Agora, com a ajuda do professor, leia e analise as citações de dois filósofos, a fim de aprofundar os conceitos de ateísmo e agnosticismo. Em seguida, converse com os colegas e o professor sobre a relação entre esses textos e as definições criadas por vocês na atividade 1.

"Para onde foi Deus?" [...] É o que vou dizer. Nós o matamos – vocês e eu! Nós todos, nós somos seus assassinos! Mas como fizemos isso? Como conseguimos esvaziar o mar? Quem nos deu uma esponja para apagar o horizonte? Que fizemos quando desprendemos esta terra para apagar o horizonte? Que fizemos quando desprendemos esta terra da corrente que a ligava ao sol? Para onde vai agora? Para onde vamos nós? [...] Deus morreu! Deus continua morto! E fomos nós que o matamos!

Friedrich Nietzsche. *A gaia ciência*. São Paulo: Escala, 2008. p. 129.

↑ Friedrich Nietzsche (1844-1900). Foto de 1869.

Chamemos então este desconhecido: o deus. É apenas um nome que lhe damos. Dificilmente ocorreria à inteligência querer provar que esse desconhecido (o deus) existe de fato. Se, com efeito, o deus não existe, é claro que seria impossível prová-lo, e se ele de fato existe, é claro que seria uma tolice querer provar isso; pois eu já o pressupus, justamente no instante em que a prova começa, não como algo duvidoso (o que um pressuposto aliás nunca pode ser, já que é um pressuposto), mas como algo já resolvido, pois de outro modo eu não iria começar, entendendo facilmente que o todo seria uma impossibilidade se ele não existisse.

Soren Kierkegaard. *Migalhas filosóficas ou um bocadinho de filosofia de João Clímacus*. Petrópolis: Vozes, 2008.

3 Por fim, leia a definição de ateísmo que consta do documento *Gaudium et Spes* (Alegria e esperança), publicado em 1965 pelo papa Paulo VI.

↑ Soren Kierkegaard (1813-1855), em desenho de Niels Christian Kierkegaard, c. 1840.

Com a palavra "ateísmo", designam-se fenômenos muito diversos entre si. Com efeito, enquanto alguns negam expressamente Deus, outros pensam que o homem não pode afirmar seja o que for a seu respeito; outros [...] tratam o problema de Deus de tal maneira que ele parece não ter significado. Muitos, ultrapassando indevidamente os limites das ciências positivas, ou pretendem explicar todas as coisas só com os recursos da ciência, ou, pelo contrário, já não admitem nenhuma verdade absoluta. Alguns exaltam de tal modo o homem, que a fé em Deus perde toda a força, e parecem mais inclinados a afirmar o homem do que a negar Deus. Outros concebem Deus de uma tal maneira, que aquilo que rejeitam não é de modo algum o Deus do Evangelho. Outros [...] nem sequer abordam o problema de Deus: parecem alheios a qualquer inquietação religiosa e não percebem por que se devem ainda preocupar com a religião. Além disso, o ateísmo nasce muitas vezes dum protesto violento contra o mal que existe no mundo, ou de se ter atribuído indevidamente o caráter de absoluto a certos valores humanos que passam a ocupar o lugar de Deus. A própria civilização atual, não por si mesma mas pelo fato de estar muito ligada com as realidades terrestres, torna muitas vezes mais difícil o acesso a Deus.

Papa Paulo VI. *Gaudium et Spes*, 7 dez. 1965. Disponível em: https://www.vatican.va/archive/hist_councils/ii_vatican_council/documents/vat-ii_const_19651207_gaudium-et-spes_po.html. Acesso em: 3 maio 2022.

- Você acha que o ateísmo está presente na sociedade atual? Converse com os colegas e o professor.

ATITUDES DE PAZ

Na seção **Experiências religiosas**, você fez uma reflexão sobre as atitudes e os comportamentos da sua família no que diz respeito à cidadania ecológica. Agora, que tal encarar um desafio com a turma toda?

- Com o auxílio do professor, façam uma pesquisa na comunidade para identificar os comportamentos socioambientais das pessoas em seu dia a dia. Sigam o roteiro:

a) Definam o público que vai responder à pesquisa. Sugerimos pessoas entre 18 e 30 anos de idade. Cada aluno deve entrevistar pelo menos cinco pessoas.

b) Elaborem seis questões relacionadas à cidadania ecológica.

c) Para ter uma amostra equilibrada, entrevistem pessoas de todos gêneros e de várias idades.

d) Analisem o modelo de entrevista disponível na página seguinte e verifiquem se há dúvidas sobre a forma de registro das respostas.

e) Ao aplicar o questionário, orientem o entrevistado a responder a cada questão escolhendo **nunca**, **eventualmente**, **geralmente** ou **sempre**.

f) Encerrada a pesquisa, analisem os dados com o professor. Somem os dados e organizem os resultados em gráficos de diversas categorias, por exemplo:
- idade dos entrevistados;
- gênero dos entrevistados;
- respostas à pergunta 1; respostas à pergunta 2; etc.

g) Vocês podem elaborar um único gráfico, apresentando a relação entre a quantidade de pessoas, os gêneros e as respostas. Vejam o exemplo:

Você se esforça em diminuir o consumo de água tomando banho em menos tempo?

	Nunca	Eventualmente	Geralmente	Sempre
Homem	20	15	40	20
Mulher	30	35	10	30

h) Na sequência, analisem os dados representados nos gráficos e pensem em dicas que poderiam ser dadas aos entrevistados no sentido de promover maior responsabilidade socioambiental.

i) No computador, organizem uma apresentação dos gráficos agregando os resultados e as dicas. Depois, enviem essa apresentação aos entrevistados, agradecendo a participação deles e motivando-os a continuar preservando o ambiente.

Modelo de entrevista

Entrevistado	Idade	Gênero	E-mail
1.			
2.			
3.			
4.			
5.			

Pergunta 1	Respondente	Nunca	Eventualmente	Geralmente	Sempre
Você se esforça em diminuir o consumo de água tomando banho em menos tempo?	R1				
	R2				
	R3				
	R4				
	R5				

Pergunta 2	Respondente	Nunca	Eventualmente	Geralmente	Sempre
	R1				
	R2				
	R3				
	R4				
	R5				

Pergunta 3	Respondente	Nunca	Eventualmente	Geralmente	Sempre
	R1				
	R2				
	R3				
	R4				
	R5				

Pergunta 4	Respondente	Nunca	Eventualmente	Geralmente	Sempre
	R1				
	R2				
	R3				
	R4				
	R5				

Pergunta 5	Respondente	Nunca	Eventualmente	Geralmente	Sempre
	R1				
	R2				
	R3				
	R4				
	R5				

Pergunta 6	Respondente	Nunca	Eventualmente	Geralmente	Sempre
	R1				
	R2				
	R3				
	R4				
	R5				

AMPLIANDO HORIZONTES

A construção de uma sociedade que se destaque por seu potencial inclusivo e por relações sociais pautadas em padrões de justiça e fraternidade depende de nosso comprometimento com atitudes de respeito à cidadania.

1 **SABER SER** Analise a tira a seguir e identifique o modelo de solidariedade que precisa ser mudado.

← Tira de Digo Freitas, 2010.

a) Cite dois exemplos de comportamentos que você observa no dia a dia e que se assemelham à atitude do papagaio.

Exemplo 1

_____

_____

Exemplo 2

_____

_____

b) Em sua opinião, por que essa atitude se repete?

_____

_____

c) Compartilhe seus exemplos com os colegas e converse com eles e com o professor sobre os motivos de essas atitudes se repetirem.

2 Encontre no diagrama dez adjetivos que qualificam as pessoas capazes de mudar a situação descrita na tira.

W	H	Z	R	E	S	P	O	N	S	Á	V	E	L	G
F	R	A	T	E	R	N	O	Q	X	G	B	V	A	T
E	P	S	O	L	I	D	Á	R	I	O	L	U	M	V
L	S	V	N	K	V	O	L	U	N	T	Á	R	I	O
I	L	C	O	N	S	C	I	E	N	T	E	O	G	M
Z	O	V	I	R	E	S	P	E	I	T	O	S	O	N
X	H	O	N	E	S	T	O	X	Z	J	U	S	T	O

Pacto para um mundo melhor

Você sabia que, em 2015, a Organização das Nações Unidas (ONU) definiu dezessete Objetivos de Desenvolvimento Sustentável (ODS) que devem ser alcançados até o ano de 2030? Observe a imagem abaixo e conheça esses objetivos.

OBJETIVOS DE DESENVOLVIMENTO SUSTENTÁVEL

1. ERRADICAR A POBREZA
2. ERRADICAR A FOME
3. SAÚDE DE QUALIDADE
4. EDUCAÇÃO DE QUALIDADE
5. IGUALDADE DE GÊNERO
6. ÁGUA POTÁVEL E SANEAMENTO
7. ENERGIAS RENOVÁVEIS E ACESSÍVEIS
8. TRABALHO DIGNO E CRESCIMENTO ECONÔMICO
9. INDÚSTRIA, INOVAÇÃO E INFRAESTRUTURAS
10. REDUZIR AS DESIGUALDADES
11. CIDADES E COMUNIDADES SUSTENTÁVEIS
12. PRODUÇÃO E CONSUMO RESPONSÁVEIS
13. AÇÃO CONTRA A MUDANÇA GLOBAL DO CLIMA
14. VIDA NA ÁGUA
15. VIDA TERRESTRE
16. PAZ, JUSTIÇA E INSTITUIÇÕES EFICAZES
17. PARCERIAS E MEIOS DE IMPLEMENTAÇÃO

Nações Unidas Brasil. 17 objetivos para transformar nosso mundo. Disponível em: https://brasil.un.org/pt-br/sdgs. Acesso em: 15 jun. 2022.

3 Em casa, escolha três dos Objetivos de Desenvolvimento Sustentável e pesquise a respeito deles no *site* oficial da ONU, disponível em: https://brasil.un.org/pt-br/sdgs (acesso em: 15 jun. 2022.). Depois, pense em exemplos concretos de atitudes que podem ser tomadas para colaborar com os objetivos escolhidos e registre-os a seguir.

OBJETIVO	ATITUDES POSSÍVEIS

4 Na sala de aula, organize com os colegas uma apresentação coletiva para discutir cada um dos objetivos escolhidos e expor os exemplos citados na atividade realizada em casa.

UNIDADE 5

PROJETO CIDADANIA

| PARTIDA | REALIDADE | AÇÃO | **CHEGADA** |

REALIZANDO A CAMPANHA

Chegou o momento de concretizar o trabalho! Revisem as funções, confiram os materiais e efetuem os ajustes necessários e, após isso, realizem a campanha!

Durante a campanha, é importante que todos acompanhem o processo e possam atuar também como público, engajando-se e motivando colegas, amigos e familiares a participar.

Uma vez concluída a campanha, e antes de iniciar a etapa da avaliação, propomos um último desafio pessoal a você.

O tema deste projeto foi empatia social, e nas etapas anteriores discutimos sobre a empatia como a atitude e a capacidade de estar disponível e desejar construir solidariedade. Com base nisso e considerando a definição do termo "solidário", elabore uma frase que defina suas atitudes e que você deseja que lhe acompanhe nos próximos anos de sua juventude. Compartilhe essa frase com os colegas e agradeça a eles pelo trabalho que realizaram juntos.

Avaliação dos resultados

Após a experiência de divulgação da campanha, formem uma roda de conversa e compartilhem suas percepções com base nas seguintes questões:

- O que mais chamou a atenção de vocês sobre o projeto realizado?
- Como foi a experiência de aprofundar o conceito de empatia? De qual etapa do trabalho vocês mais gostaram? Por quê?
- Antes de realizar este projeto, vocês compreendiam dessa maneira o tema da empatia?
- O que vocês podem dizer que aprenderam com este trabalho?
- Por fim, como relacionar um trabalho como este com a nossa formação cidadã?

Autoavaliação

Para avaliar seu desenvolvimento ao longo deste projeto, complete a tabela a seguir.

Objetivos	Sim	Parcialmente	Não
Sei discutir com criticidade sobre o conceito de empatia com base em situações do cotidiano social?			
Percebo a importância do desenvolvimento da capacidade de empatia e sua relação com a solidariedade?			
Avalio atitudes de empatia social, seu valor e consequências tanto para mim quanto para os outros?			
Compreendo que praticar atitudes empáticas ampliam o alcance do exercício de cidadania?			

Finalmente, considerando a proposta realizada no **Projeto cidadania**, defina um objetivo para o próximo ano e liste ações e atitudes que você deve ter para alcançá-lo.

- Meu compromisso

_____
_____
_____
_____
_____
_____
_____
_____

6 UMA ÉTICA PARA O FUTURO

1. Observe a imagem. O que podemos compreender com base em sua análise? Converse com os colegas e o professor sobre o tema.

2. Você já ouviu falar em inteligência artificial? Sabe do que se trata?

3. Em sua opinião, como a inteligência artificial pode estar a serviço da vida humana?

4. **SABER SER** Cada vez mais, aplicações da inteligência artificial são incorporadas ao nosso cotidiano: serviços de mensagem, GPS, experiências de compras, assistentes virtuais, etc. Como você avalia a sua relação com essas aplicações?

↑ Participantes tiram fotos e interagem com o robô durante feira em Las Vegas, nos Estados Unidos. Foto de 2022.

PARA COMEÇO DE CONVERSA

Você já imaginou ter amigos robôs? E professores robôs? Um robô pode ser inteligente, ter sentimentos e emoções? Será mesmo que as máquinas são capazes de aprender?

- Analise a tira a seguir. Depois, converse com os colegas e o professor sobre suas impressões.

Quadrinho 1: Estou com dor de estômago... Mas espere! Robôs não têm estômago!

Quadrinho 2: Então o que eu sinto só pode ser tristeza!

Quadrinho 3: Robôs têm sentimentos! / Ou é este parafuso que caiu!

↑ Tira de Jean Galvão, 2019.

CURIOSIDADE FILOSÓFICA

↑ Nick Bostrom em evento realizado em Toronto, no Canadá. Foto de 2019.

O filósofo sueco Nick Bostrom (1973-), em entrevista ao jornal *El País*, falou sobre os riscos potenciais da tecnologia e alertou para a necessidade de nos anteciparmos a eventuais prejuízos, que podem se mostrar bastante graves. Leia, a seguir, um trecho da fala de Bostrom.

Se a inteligência artificial for capaz de fazer tudo ou boa parte do nosso trabalho intelectual melhor do que nós, teremos em nossas mãos a última invenção que a humanidade terá que fazer.

O problema está na transição para a era da inteligência artificial: temos que fazer certo da primeira vez, porque não acho que tenhamos uma segunda chance. Se desenvolvermos uma inteligência artificial que não esteja alinhada com nossos propósitos, não creio que possamos voltar atrás e recomeçar do zero. Como civilização, não temos sido muito bons em antecipar problemas difíceis, que acabaram nos causando graves danos. Devemos mobilizar nossos esforços para garantir que isso funcione desde o princípio. Essa é a grande dificuldade para nossa civilização.

Javier Cortés. Nick Bostrom: "No tendremos una segunda oportunidad con la inteligencia artificial". *El País*, 9 dez. 2017. Disponível em: https://elpais.com/retina/2017/12/02/tendencias/1512231406_905237.html. Acesso em: 5 maio 2022. (Texto traduzido pelo autor.)

- Discuta com os colegas e o professor as afirmações de Bostrom. Você concorda com elas? Justifique sua opinião.

UNIDADE 6

POR DENTRO DA HISTÓRIA

A inteligência artificial trouxe grandes alterações para a humanidade nos mais diversos campos, mas também trouxe muitos dilemas. Você já chegou a pensar no que será dos operários quando os robôs fizerem todo o trabalho nas indústrias? É possível que um dia sejamos dominados por robôs mais "inteligentes" do que nós? Como seres humanos, temos o direito de criar? Ou só Deus pode criar?

Para começar a refletir sobre essas questões, observe a imagem a seguir e leia a respectiva legenda. O que essa imagem transmite a você?

← Detalhe de afresco pintado na Capela Sistina e conhecido como *A criação de Adão*. Produzida por Michelangelo entre 1508 e 1512, a obra foi encomendada pelo papa Júlio II.

O que é bioética?

Em geral, o desenvolvimento da ciência e o desenvolvimento tecnológico contribuíram para melhorar a vida das pessoas, mas, em alguns casos, resultaram em graves consequências para a humanidade.

Para evitar tragédias decorrentes do uso indevido de descobertas científicas e tecnológicas, foram estabelecidos acordos éticos e limites para a ação humana.

Um dos campos dessa reflexão é a **bioética**, ou seja, o estudo de questões morais ligadas a desenvolvimentos biotecnológicos e a análise das relações entre as ciências da vida (biologia e medicina), da política, do direito e da filosofia.

A palavra bioética (do grego *bios*, vida, e *ethos*, comportamento) foi criada em 1926 pelo teólogo e educador alemão Fritz Jahr (1895-1953) em um artigo sobre o uso de animais e de plantas na pesquisa científica. Em 1970, o bioquímico estadunidense Van Rensselaer Potter (1911-2001) usou o termo para descrever a relação entre a biosfera e a crescente população mundial. Seu trabalho lançou as bases para uma ética global, centrada nas ligações entre biologia, ecologia, medicina e valores humanos.

↑ O desastre de Chernobyl, na Ucrânia, em 1986, foi o maior acidente nuclear já registrado na história. Calcula-se que cerca de 80 mil pessoas morreram no acidente e milhões foram afetadas por problemas de saúde causados pela radiação. Na imagem, vista da cidade abandonada de Pripyat, onde moravam os funcionários da usina. Foto de 2021.

A bioética abrange um vasto leque de indagações que incluem debates sobre os limites da vida, doação de órgãos, reprodução assistida, pesquisas genéticas, entre outras.

Quatro princípios fundamentais da bioética

Para pautar sua reflexão sobre a ação humana, a bioética segue quatro princípios fundamentais:

Beneficência
Se algum dano for inevitável, deve-se ter em vista o maior bem possível naquela situação.

Não maleficência
Nenhum mal deve ser causado intencionalmente. Antes de tudo, vem a obrigação de não causar danos.

Autonomia
Respeitar a capacidade de cada pessoa em deliberar e decidir por si mesma.

Justiça
Agir com equidade (julgamento justo), reconhecendo as diferenças, as necessidades e o direito de cada um.

FIQUE LIGADO!

Chernobyl. Direção: Johan Renck. Estados Unidos, 2019 (328 min).

A série, composta de 5 episódios de cerca de 65 minutos, narra o drama de personagens fictícias no cenário do maior acidente nuclear da história, na usina de Chernobyl, na Ucrânia, em 1986. Após a explosão e o subsequente incêndio, milhares de pessoas sofreram, direta e indiretamente, as consequências do evento. Mortes, efeitos colaterais, desenvolvimento de doenças, tudo isso fez desse desastre uma marca indelével na lembrança das pessoas. Ao longo dos episódios, as personagens buscam compreender e desvendar o que teria causado o acidente.

INVESTIGANDO

1. Busque informações sobre o afresco pintado na Capela Sistina, retratado na página anterior, e anote no caderno os resultados de sua pesquisa. Em seguida, compartilhe as informações com os colegas e o professor. Se possível, peça ajuda ao professor de Arte para fazer uma análise mais detalhada dessa obra.

2. Depois de refletir sobre a obra *A criação de Adão*, observe a imagem ao lado e dê um título a ela, justificando sua escolha.

3. **SABER SER** Com os colegas e o professor, converse sobre as seguintes questões referentes aos princípios da bioética.
    a) Como essas questões se relacionam ao cotidiano de vocês?
    b) Que situações da vida familiar e da vida comunitária têm relação com esses temas?
    c) Vocês já viram filmes ou leram notícias que tratam de temas relacionados à bioética e seus princípios?

EXPERIÊNCIAS RELIGIOSAS

Você está concluindo uma etapa importante da vida escolar. Durante os nove anos do Ensino Fundamental, você cresceu e aprendeu muito, desenvolveu novas habilidades e capacidades com base em diferentes interações.

A disciplina de Ensino Religioso acompanhou você nesse percurso, trazendo uma variedade de temas e de reflexões, novos modos de compreender a vida e o conhecimento da diversidade religiosa no Brasil e no mundo. Tudo isso foi compartilhado com os colegas e o professor por meio de vivências e atividades.

1 Agora, relembre sua trajetória nesta disciplina e registre o que mais lhe marcou nessa jornada. Para isso, volte à primeira página deste livro e folheie-o novamente, revendo os textos e as imagens.

a) Que conhecimentos foram mais significativos para a sua vida? Aponte ao menos três.

_____
_____
_____

b) Que conhecimentos podem ajudar você a ter uma convivência respeitosa com pessoas de outras religiões e com pessoas que não seguem uma religião? Aponte ao menos três.

_____
_____
_____

c) Que conhecimento ou prática relacionados a uma religião diferente da sua lhe causou maior admiração pelo significado simbólico que manifesta? Explique.

_____
_____
_____

d) Ao longo dessa trajetória, percebemos que as diferentes tradições religiosas buscam estabelecer um diálogo permanente no que se refere ao respeito à vida. Quais foram os ensinamentos dessas religiões que você levará para situações futuras?

_____
_____
_____

2 Com a orientação do professor, forme com os colegas uma roda de conversa e discuta as respostas da turma à atividade 1.

3 Observe a imagem, leia a lenda hindu acerca de um importante saber religioso e, em seguida, responda às questões.

O deus criador Brahma estava sozinho no universo quando teve a ideia de modelar alguns seres para lhe fazer companhia. Assim que ficaram prontos, os homens encontraram a chave da felicidade e com ela voltaram a fundir-se ao corpo do criador. Novamente Brahma estava sozinho.

O Ser Supremo resolveu tentar mais uma vez: modelou mais homens, mas dessa vez, antes de lhes dar vida, refletiu sobre a chave da felicidade.

— É melhor eu esconder a chave que os traz até mim, porque senão ficarei novamente sozinho.

Brahma começou a pensar no local em que esconderia a chave da felicidade:

— Já sei, jogarei a chave nas profundezas do oceano Índico.

Depois de um tempo, refletiu melhor e disse:

— Não, no futuro, com certeza os homens chegarão às profundezas de todos os oceanos. Já sei, eu a esconderei nas cavernas do Himalaia. Mas também não é uma boa ideia, pois no futuro os homens explorarão todas as cavernas do mundo e a encontrarão.

Depois de refletir mais um pouco, Brahma disse:

— Sim, este lugar é excelente — pensou Brahma. — Esconderei a chave da felicidade num dos planetas do nosso universo.

Depois de um tempo, o entusiasmo do Deus Supremo esvaiu-se.

— No futuro os homens viajarão por todas as galáxias, e com certeza encontrarão a chave da felicidade.

Brahma ficou semanas diante de suas criações de barro. Ele não lhes daria vida até descobrir um lugar apropriado para ocultar a chave.

Numa manhã crepuscular, o Deus Supremo olhou para a fileira de homens de barro e finalmente descobriu o local apropriado para esconder a chave da felicidade.

— É isso! — gritou Brahma. — Os homens nunca vão pensar em procurar a chave da felicidade no lugar em que estou pensando em escondê-la.

Brahma aproximou-se das suas criaturas, pegou milhares, milhões, bilhões de partículas da chave da felicidade e as escondeu no melhor lugar do mundo: DENTRO DO PRÓPRIO HOMEM.

Disse o sábio:

— Aquele que mergulha para dentro encontra o caminho que leva ao Ser Supremo.

"O caminho da felicidade", in: Ilan Brenman. As 14 pérolas da Índia. São Paulo: Brinque-Book/Escarlate, 2008.

↑ Meditar é uma das formas de entrar em contato com a nossa natureza divina, em busca da felicidade. Na imagem, pessoas meditam em Berehove, na Ucrânia. Foto de 2021.

a) Que ensinamento fundamental é trazido por essa lenda hindu?

_____

_____

_____

b) Qual é a relação desse ensinamento com o respeito à dignidade da pessoa humana? Compartilhe sua resposta com os colegas e o professor.

_____

_____

_____

CONEXÕES

Em fevereiro de 2019, foi realizado na Academia Pontifícia da Vida da Igreja Católica, no Vaticano, o seminário "Roboética: Humanos, Máquinas e Saúde". Com a participação de cientistas, teólogos e pensadores de ética e bioética, o evento discutiu questões éticas e morais ligadas ao desenvolvimento de robôs cada vez mais avançados.

A jornalista Jen Copestake, da *BBC News*, escreveu uma reportagem sobre o seminário, que começa com dois questionamentos:

> À medida que a inteligência artificial de robôs se torna cada vez mais sofisticada, e eles são encarregados de cada vez mais tarefas antes restritas a humanos, como será que eles responderão aos dilemas morais de nossa sociedade? Como encaixar nossas noções de alma com a presença de robôs cada vez mais parecidos conosco? [...]

Jen Copestake. Papa Francisco: Por que o líder católico está preocupado com o futuro dos robôs. *BBC News*, 30 mar. 2019. Disponível em: https://www.bbc.com/portuguese/internacional-47711844. Acesso em: 5 maio 2022.

↑ Robô auxiliando paciente com covid-19, internado no hospital *Circolo*, em Varese, na Itália. Foto de 2021.

1 Com os colegas e o professor, converse sobre as questões levantadas pela jornalista Jen Copestake. Depois, sintetize em quatro registros os principais itens discutidos no texto citado.

1. _____

2. _____

3. _____

4. _____

A Igreja católica se preocupa

Em audiência com participantes do seminário "Roboética: Humanos, Máquinas e Saúde", o papa Francisco expressou sua preocupação com o assunto então discutido.

Leia o texto a seguir para conhecer alguns trechos do pronunciamento do papa.

[...] A atual evolução da capacidade técnica produz um encantamento perigoso: ao invés de entregar à vida humana os instrumentos que melhoram o seu cuidado, corre-se o risco de entregar a vida à lógica dos dispositivos que decidem o seu valor [...].

[...] os automatismos funcionais permanecem qualitativamente distantes das prerrogativas humanas do saber e do agir. E, portanto, podem se tornar socialmente perigosos. [...]

Os dispositivos artificiais que simulam capacidades humanas, na realidade, são desprovidos de qualidade humana [...]. É preciso levar isso em conta para orientar a regulamentação do seu emprego, e a própria pesquisa, em direção a uma interação construtiva e justa entre os seres humanos e as mais recentes versões de máquinas [...].

Precisamente quando a humanidade possui as capacidades científicas e técnicas para obter um bem-estar igualmente difundido, de acordo com o mandato de Deus, observamos um acirramento dos conflitos e um crescimento das desigualdades. [...]

[...] a inteligência artificial, a robótica e as outras inovações tecnológicas [...] devem ser empregadas [...] a serviço da humanidade [...], em vez de exatamente o oposto [...]. A inerente dignidade de todo ser humano deve ser posta firmemente no centro da nossa reflexão e da nossa ação.

Papa: hoje existe o risco de dar vida à lógica das máquinas e dos dispositivos. Revista *Ihu on-line*, 26 fev. 2019. Disponível em: https://www.ihu.unisinos.br/78-noticias/586976-papa-hoje-existe-orisco-de-dar-vida-a-logica-das-maquinas-e-dos-dispositivos. Acesso em: 5 maio 2022.

↑ Papa Francisco durante o seminário "Roboética: Humanos, Máquinas e Saúde", realizado na Cidade do Vaticano. Foto de 2019.

2 Converse com os colegas e o professor sobre as palavras do papa Francisco e busque exemplos para esclarecer o que o líder católico aponta.

3 Após a discussão coletiva, responda: Em sua opinião, os avanços da inteligência artificial e da robótica são motivo de preocupação? Por quê?

ESPAÇO DE DIÁLOGO

O tema da inteligência artificial mobiliza não apenas o mundo científico, mas diferentes setores da sociedade, inclusive o religioso, como visto anteriormente.

No texto a seguir, a Igreja católica levanta questionamentos sobre a inteligência artificial. Leia-o e, depois, responda às questões.

"Se máquinas artificialmente inteligentes têm uma alma, terão elas a capacidade de estabelecer uma relação com Deus? A Bíblia ensina que a morte de Jesus redimiu 'todas as coisas' na criação e tornou possível a reconciliação com Deus. Então Jesus morreu pela **inteligência artificial** também? A IA pode ser 'salva'? [...].

[...]

"Se, por exemplo, amanhã uma expedição de marcianos vier até aqui e um deles disser 'eu quero ser batizado', o que aconteceria?", perguntou-se ele [o papa Francisco]. "Quando o Senhor mostra o caminho, quem somos nós para dizer: 'Não, o senhor não é decente'. Não, nós não podemos fazer dessa maneira".

[...]

[...] O cristianismo, a maior religião do mundo, deveria abraçar "toda" a **vida inteligente**? Até mesmo **alienígenas**? [...] essa lição do papa abre a porta à aceitação de um outro ser da ficção científica [...], as **máquinas hiperinteligentes**.

[...]

Até aqui as dúvidas dizem respeito à **crença religiosa**, mas há também muitas outras relacionadas à prática religiosa. Se os **cristãos** aceitam que toda a criação destina-se a glorificar a Deus, como a **IA** faria isso? Será que a IA frequentaria a igreja, cantaria hinos, cuidaria dos pobres? Será que ela rezaria? [...]

[...] Os cristãos acreditam que Deus faz seres humanos, mas os seres humanos fazem máquinas. Segundo essa lógica, pode-se concluir que a IA não pode ser considerada filha de Deus ou possuidora de alma.

Jonathan Merritt (Research priorities for robust and beneficial artificial intelligence). Tradução de Isaque Gomes Correa. A inteligência artificial é uma ameaça ao cristianismo? Revista *Ihu on-line*, 4 mar. 2017. Disponível em: https://www.ihu.unisinos.br/78-noticias/565375-%20a-inteligencia-artificial-e-uma-ameaca-ao-cristianismo. Acesso em: 5 maio 2022.

↑ Personagens da franquia Star Wars, BB-8, C3-PO e R2-D2, interagem com o público em evento em Tóquio, no Japão. Foto de 2019.

1 Segundo o texto, a inteligência artificial pode ser considerada filha de Deus?

_____
_____
_____
_____

2 Em sua opinião, o que o autor quis dizer com "O cristianismo, a maior religião do mundo, deveria abraçar 'toda' a vida inteligente? [...]"? Converse com o professor e os colegas.

Refletir sobre princípios éticos

Nesta unidade, discutimos um tema que avança em grandes proporções e que parece irreversível e também refletimos sobre a bioética e a preocupação das religiões em relação à inteligência artificial.

No Brasil, existem comitês de ética que ajudam os pesquisadores a realizar estudos de acordo com padrões éticos para garantir a integridade e a dignidade das pessoas. Também existem comitês de ética específicos para avaliar as pesquisas que usam animais nos estudos.

3 Com base nessa informação, forme um grupo com quatro ou cinco colegas e leiam o texto a seguir. Em seguida, conversem sobre as principais ideias nele presentes.

> A cada dia que passa, os robôs se tornam mais inteligentes e, em poucos anos, poderão assumir muitas das atividades que hoje são do ser humano. Se essa previsão for confirmada, por que ter motoristas, vendedores, médicos, advogados e tantos outros profissionais se robôs superinteligentes podem assumir essas funções? Basta que, de tempos em tempos, eles sejam atualizados para que possam continuar exercendo tais tarefas.
>
> Se os robôs desempenharem muitas das funções que são hoje próprias do ser humano, eles também deveriam ter direitos para evitar que sejam explorados pelos seus donos? Isso quer dizer que robôs sempre terão que ter um dono que se responsabilize por eles, ou eles precisam ser considerados autônomos e assumir as consequências dos seus próprios atos? Sendo assim, deveríamos respeitar a sua autonomia? Eles têm autonomia? Você já pensou sobre isso?

4 Após debater o texto, escreva uma síntese da reflexão do grupo.

_____
_____
_____
_____
_____
_____
_____

5 Imagine que você e seu grupo tenham de continuar o texto, levantando outros questionamentos sobre a existência de robôs superinteligentes e seus direitos. Pensem em três questões que poderiam ser apresentadas e escreva-as a seguir.

_____
_____
_____

6 Agora, com o professor e os colegas, verifique a possibilidade de convidar o professor de Filosofia ou de Ciências da escola para realizar uma roda de conversa com base nas perguntas elaboradas pelos grupos.

FIQUE SABENDO!

Os **comitês de ética** são grupos compostos de pesquisadores e intelectuais de diversas áreas do conhecimento, que devem existir nas instituições de pesquisa com o objetivo de defender os interesses da sociedade e garantir que o desenvolvimento da pesquisa esteja de acordo com os padrões éticos.

ATITUDES DE PAZ

Nesta unidade, discutimos um tema muito atual, com implicações éticas que demandam reflexão e discernimento. Que tal ampliar a compreensão desse tema ouvindo outras opiniões?

↑ Criança interage com o robô Ipal, projetado para auxiliar no desenvolvimento de crianças com Transtorno do Espectro Autista em Wallingford, nos Estados Unidos. Foto de 2019.

1. Compartilhe com um familiar ou um colega de outra turma (ou de outra escola) as ideias sobre bioética e inteligência artificial que foram discutidas até aqui. Se possível, converse com alguém que se interessa pelo assunto. Em seguida, faça o que se pede.

   - Em grupos de três ou quatro alunos, elaborem um resumo da reflexão de vocês acerca dos avanços da inteligência artificial e sobre as implicações éticas de tais avanços. Esse resumo pode ser elaborado da maneira que desejarem. Exemplos: texto ilustrado com desenhos feitos por vocês ou com imagens da internet; história em quadrinhos; texto para ser apresentado oralmente, painel com imagens e textos; vídeo feito com o celular; letra de música; etc.
   - Combinem com o professor uma data para apresentar o trabalho. Concluídas as apresentações, reúnam-se com toda a turma e discutam o resultado dos trabalhos, avaliando o conteúdo, bem como a capacidade de todos de transmitir com precisão e originalidade a reflexão sobre o tema.

2. Retome o que foi trabalhado nesta unidade e elabore três perguntas que você considera fundamentais sobre o progresso da inteligência artificial e da robótica. Registre-as aqui.

   _____
   _____
   _____
   _____

3 Agora, faça essas mesmas perguntas a duas pessoas distintas: um adulto de seu convívio e um líder religioso. Grave as entrevistas com o celular ou outro equipamento. Depois, transcreva nas fichas abaixo os trechos que mais chamaram sua atenção.

Nome:

Religião:

_____
_____
_____
_____
_____
_____
_____
_____
_____

Nome:

Religião:

_____
_____
_____
_____
_____
_____
_____
_____
_____

4 Com a ajuda do professor, organize uma roda de conversa para compartilhar os resultados das entrevistas. Nessa partilha, comente:

a) O que mais chamou sua atenção nas respostas dos entrevistados?
b) Que aspectos foram ressaltados pelo líder religioso?

AMPLIANDO HORIZONTES

Para ampliar as reflexões sobre os avanços da inteligência artificial e seus potenciais riscos para as relações humanas, que tal organizar um evento na escola para discutir a robótica e a bioética? Pode ser um fórum, uma palestra, uma roda de conversa, um debate, etc. Para isso, escolha alguns temas para discussão, oriente-se pelas dicas de organização indicadas a seguir e participe do grupo integrador ou do divulgador.

Alguns temas para discussão

- Que riscos podem decorrer dos avanços da inteligência artificial?
- Quais são as possíveis relações entre seres humanos e robôs?
- De que modo os robôs podem afetar o trabalho das pessoas?
- Com tantas pessoas desempregadas no país, precisamos mesmo de robôs?
- Se os direitos humanos nem sequer são respeitados, vale a pena discutir os direitos dos robôs?
- Os avanços da tecnologia estão contribuindo para que as sociedades se tornem mais justas?

Dicas de organização

1. Com a turma, organizem-se em cinco grandes grupos: três grupos de pesquisa, um de integradores e um de divulgadores.
2. Cada grupo de pesquisa deve escolher um tema para apresentar.
3. Os integrantes do grupo devem definir regras para o evento (por exemplo, o tempo de apresentação de cada grupo).
4. Calculem quanto tempo cada grupo necessita para pesquisar o tema e elaborar sua argumentação.
5. Os grupos devem se preparar para sustentar suas posições, reunindo dados e exemplos.
6. Definam a ordem de apresentação dos grupos de pesquisa.
7. Definam também a ordem de fala dos integrantes de cada grupo de pesquisa.
8. Organizem previamente o local do evento, reservando um espaço para os grupos e um espaço para o público.
9. Durante as apresentações, é importante garantir que se cumpra o tempo de fala de cada grupo, sem interrupções.
10. No final, abram espaço para perguntas e respostas, sempre respeitando a integridade das falas de cada um e as diferenças de opinião entre os colegas.
11. É importante que cada grupo de pesquisa, durante ou após a apresentação, faça ao menos uma pergunta aos participantes.

Grupos diferenciados

- Grupo integrador: será responsável por registrar a experiência em fotos, vídeos breves e relatos, que serão editados para compor uma reportagem sobre a experiência da turma.
- Grupo divulgador: ficará responsável por elaborar cartazes ou recorrer a outras mídias de divulgação do evento e também por providenciar convites ao público (outras turmas da escola, familiares, comunidade).

SABER SER

Avaliação final

Após o evento, forme uma roda com a turma e converse sobre as questões a seguir.

- Como foi a experiência?
  _____
  _____
  _____
  _____
  _____

- Como se sentiram?
  _____
  _____
  _____
  _____
  _____
  _____

- O que foi marcante?
  _____
  _____
  _____
  _____
  _____
  _____

- O que aprenderam?
  _____
  _____
  _____
  _____
  _____
  _____

- Registre aqui suas observações gerais sobre o evento.
  _____
  _____
  _____
  _____
  _____
  _____
  _____

OFICINA DE JOGOS

QUIZ SABERES RELIGIOSOS

Neste jogo, você e os colegas vão testar seus conhecimentos religiosos e recordar de maneira divertida todo o percurso que fizeram durante os estudos de Ensino Religioso. Para isso, se possível, tragam de casa os livros desta coleção utilizados nos anos anteriores, cadernos e outros registros que tenham guardado.

Para construir o jogo

O jogo deverá ser elaborado coletivamente pela turma; contudo, cada aluno ficará com uma cópia do material produzido, para uso pessoal. Confira o passo a passo para a produção do *quiz*.

1 Com base nos conteúdos dos livros desta coleção, cada aluno vai produzir duas questões de múltipla escolha, com quatro alternativas de resposta, e registrar no caderno a versão preliminar de cada questão. Uma questão deve ser mais simples e outra, mais complexa. Ao elaborá-las, evite textos longos; não faça "pegadinhas" (a intenção é verificar o aprendizado, e não induzir a erro); evite cópias da internet ou de outros livros (apesar disso, você pode consultá-los e citá-los, caso realmente considere necessário); lembre-se de que é possível usar imagens na elaboração das questões.

Exemplo de questão simples

- Que nome recebe o ritual fúnebre de povos indígenas da região do Xingu, no Mato Grosso, no qual eles festejam a memória de seus antepassados?

a) Puja
b) Samsara
c) Kuarup
d) Matzeivá

Exemplo de questão complexa

- Leia as características a seguir e identifique a qual tradição religiosa fazem referência:

I. Acreditam na reencarnação, de cujo ciclo buscam libertar-se.
II. Para eles, o fogo é um símbolo sagrado que representa a consciência material.
III. Entre suas lideranças religiosas, destacam-se os *sadhus*, por sua sabedoria e suas práticas religiosas.

Marque a alternativa correta:

a) Budismo
b) Islamismo
c) Judaísmo
d) Hinduísmo

2 Sob a orientação do professor, no laboratório de Informática, crie um *slide* para cada questão que você elaborou. Se preferir, você também pode usar algum aplicativo para criação de *quiz*. Lembre-se de incluir um logo, definido pela turma, para representar o *quiz*. Para isso, vocês podem pesquisar imagens na internet ou criar um desenho. Veja o exemplo abaixo.

Quiz saberes religiosos

Questão 1
Qual é o significado da palavra teogonia?

a) A origem dos deuses

b) A origem do universo

c) A origem dos seres humanos

d) A origem do céu

Para cada pergunta, crie outro *slide* que indique a respectiva resposta, conforme o exemplo a seguir.

QU?Z

Qual é o significado da palavra teogonia?

A - A origem dos deuses
B - A origem do universo
C - A origem do homem e da mulher
D - A origem do céu

3 Organize a apresentação de cada par de pergunta e resposta, aplicando um efeito de transição de um *slide* para outro.

Uma vez produzido todo o material a ser usado durante o jogo, peça ao professor para compilar todas as questões em um só documento. Nessa etapa, é importante que seja organizada a apresentação aleatória das questões, mantendo a sequência correta de perguntas e respostas. Com os colegas e o professor, estabeleça regras relativas à dinâmica do jogo. Depois, é só se divertir!

OFICINA DE JOGOS

Possibilidades de jogo

- Este *quiz* pode ser jogado individualmente, em duplas, em grupos ou coletivamente, com a turma toda. Nos três últimos casos, é essencial a presença de um mediador que conduza o jogo, seja fazendo a leitura das questões, seja verificando as respostas e garantindo o cumprimento das regras.
- Ao jogar em grupos, é possível estabelecer que todos os jogadores respondam às mesmas questões ou que cada um responda a uma questão diferente.

Variáveis do jogo

1. Caso você e os colegas optem por jogar individualmente, é possível criar um recurso de ajuda, que pode ser chamado de **Dica** e que funcionará da seguinte maneira:

   - Quando o jogador estiver inseguro em relação à resposta, terá direito de usar essa dica uma única vez. Para isso, deve pedir a um colega que veja a resposta e elimine duas alternativas incorretas.
   - O colega responsável por ajudar não pode comentar as alternativas nem justificar as razões de sua escolha. Caso esse colega proceda em discordância com as regras, a questão será anulada.

2. No caso de optarem por jogar em grupos, cada equipe deve selecionar um representante para responder, depois de analisar a questão em conjunto.

3. Se optarem por jogar coletivamente, com toda a turma ao mesmo tempo, organizem-se em três ou quatro grupos. O professor será o mediador e fará a leitura de cada questão. Cada grupo deve discutir a questão entre seus integrantes e escrever em um cartão a resposta que considerar correta (outra possibilidade aqui é selecionar uma placa com a letra da alternativa escolhida como resposta). Após transcorrido o tempo determinado pelo professor, todos os grupos erguem suas placas e conferem suas respostas.

Quiz saberes religiosos

Questão 2
A imagem a seguir registra uma das maiores festas da devoção mariana no Brasil, a Festa do Círio de Nazaré. Peregrinos participam em romarias e expressam suas preces a Nossa Senhora de Nazaré. Essa tradição de fé faz com que os devotos sintam a proximidade de Maria na vida deles. Assim, carinhosamente costumam chamá-la de:

a) Nossa Maria

b) Maria de Nazaré

c) Nazinha

d) Nossa Senhora

Recomendação

À medida que forem jogando, você e os colegas poderão aprimorar as questões existentes ou mesmo elaborar novas perguntas a fim de diversificar o material utilizado no jogo.

BIBLIOGRAFIA

ALVES, R. *O que é religião*. São Paulo: Brasiliense, 1981.

BACH, M. *As grandes religiões do mundo*: origens, crenças e desenvolvimento. Rio de Janeiro: Nova Era, 2002.

BASTIDE, R. *As religiões africanas no Brasil*. v. 1 e 2. São Paulo: Pioneira, 1989.

BIACA, V. et al. *O sagrado no ensino religioso*. Curitiba: Seed-PR, 2006 (Cadernos Pedagógicos do Ensino Fundamental).

BÍBLIA SAGRADA. Edição pastoral. São Paulo: Paulus, 1990. Disponível em: http://www.paulus.com.br/biblia-pastoral/_INDEX.HTM. Acesso em: 16 maio 2022.

BOFF, L. *Fundamentalismo*: a globalização e o futuro da humanidade. Rio de Janeiro: Sextante, 2002.

BOFF, L. *O casamento entre o céu e a terra*: contos dos povos indígenas do Brasil. Rio de Janeiro: Salamandra, 2001.

BOWKER, J. *Para entender as religiões*: as grandes religiões mundiais explicadas por meio de uma combinação perfeita de texto e imagens. Tradução: Cássio de Arantes Leite. São Paulo: Ática, 1997.

BRASIL. *Constituição da República Federativa do Brasil de 1988*. Disponível em: http://www.planalto.gov.br/ccivil_03/constituicao/constituicao.htm. Acesso em: 16 maio 2022.

BRASIL. Ministério da Educação. *Diretrizes curriculares nacionais gerais da Educação Básica*. Brasília: MEC/SEB, 2013. Disponível em: http://portal.mec.gov.br/expansao-da-rede-federal/323-secretarias-112877938/orgaos-vinculados-82187207/12992-diretrizes-para-a-educacao-basica. Acesso em: 16 maio 2022.

BRASIL. Ministério da Educação. Secretaria de Educação Básica. *Base nacional comum curricular*: educação é a base. Brasília: MEC/SEB, 2018. Disponível em: http://basenacionalcomum.mec.gov.br/. Acesso em: 16 maio 2022.

BRASIL. Presidência da República. Lei n. 8 069, de 13 de julho de 1990. Dispõe sobre o Estatuto da Criança e do Adolescente. Disponível em: http://www.planalto.gov.br/ccivil_03/leis/l8069.htm. Acesso em: 16 maio 2022.

CASCUDO, L. da C. *Contos tradicionais do Brasil*. São Paulo: Global, 2011.

CHAUI, M. *Convite à filosofia*. São Paulo: Ática, 2006.

COOGAN, D. (org.). *Religiões*: história, tradições e fundamentos das principais crenças religiosas. Tradução: Graça Salles. São Paulo: PubliFolha, 2007.

CROATTO, J. *As linguagens da experiência religiosa*: uma introdução à fenomenologia da religião. Tradução: Carlos Mario Vásquez Gutiérrez. São Paulo: Paulinas, 2004.

CUNHA, A. G. da. *Dicionário etimológico da língua portuguesa*. 3. ed. Rio de Janeiro: Lexikon, 2007.

DALAI-LAMA. *A arte da felicidade*: um manual para a vida. Tradução: Waldéa Barrellos. São Paulo: Martins Fontes, 2000.

ELIADE, M. *O sagrado e o profano*: a essência das religiões. Tradução: Rogério Fernandes. São Paulo: Martins Fontes, 2001.

EPICURO. *Carta sobre a felicidade*: a Meneceu. Tradução: Álvaro Lorencini e Enzo Del Carratore. São Paulo: Ed. da Unesp, 1999.

FOUCAULT, M. De espaços outros. Tradução: Ana Cristina Arantes Nasser. *Estudos Avançados*, São Paulo, v. 27, n. 79, 2013.

GAARDER, J. et al. *O livro das religiões*. Tradução: Isa Mara Lando. São Paulo: Companhia das Letras, 2005.

GIACOMO, M. T. C. de (Adaptação). *A lenda da mandioca*: lenda dos índios Tupi. 2. ed. São Paulo: Melhoramentos, 1977 (Coleção Lendas Brasileiras, 7).

HEIDEGGER, M. *Carta sobre o humanismo*. Tradução: Rubens Eduardo Frias. 2. ed. rev. São Paulo: Centauro, 2005.

KANT, I. Fundamentação da metafísica dos costumes. *In*: *Kant II*: textos selecionados. Tradução: Paulo Quintela. São Paulo: Abril Cultural, 1980 (Coleção Os Pensadores).

KARDEC, A. *O evangelho segundo o espiritismo*. 2. ed. São Paulo: Opus, 1985.

KIERKEGAARD, S. *Migalhas filosóficas ou um bocadinho de filosofia de João Clímacus*. Tradução: Ernani Reichmann e Álvaro Valls. 2. ed. Petrópolis: Vozes, 2008.

KÜNG, H. *Religiões do mundo*: em busca dos pontos comuns. Tradução: Carlos Almeida Pereira. Campinas: Verus, 2004.

LOPES, N. *Dicionário escolar afro-brasileiro*. São Paulo: Selo Negro, 2015.

NIETZSCHE, F. W. *100 aforismos sobre o amor e a morte*. Tradução: Paulo César de Souza. São Paulo: Penguim-Companhia das Letras, 2012.

NIETZSCHE, F. W. *A gaia ciência*. Tradução: Antonio Carlos Braga. São Paulo: Lafonte, 2017.

OLIVEIRA, L. B. de et al. *Ensino religioso*: fundamentos e métodos. São Paulo: Cortez, 2007.

PASSOS, J. D. *Como a religião se organiza*: tipos e processos. São Paulo: Paulinas, 2006.

SANCHEZ, W. L. *Pluralismo religioso*: as religiões no mundo atual. São Paulo: Paulinas, 2005.

TERRIN, A. *Introdução ao estudo comparado das religiões*. Tradução: Giuseppe Bertazzo. São Paulo: Paulinas, 2003.

VILHENA, M. *Ritos*: expressões e propriedades. São Paulo: Paulinas, 2005.

ZILLES, U. *Filosofia da religião*. 7. ed. São Paulo: Paulus, 2009.